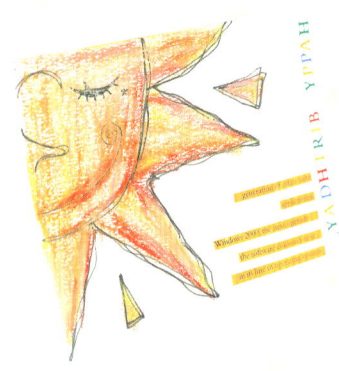

내 손으로 만드는 Card 시리즈 ❶

생일 카드 만들기

혜지원

Birthday Card

HAPPY BIRTHDAY

내 손으로 만드는 Card 시리즈 ❶
생일 카드 만들기

HAPPY

BIRTHDAY CARD

머리말　　04

공구&재료　06

PART 1　개성만점의 쌍둥이　　08
PART 2　변화를 창조하는 사람들　32

HAPPY BIRTHDAY TO YOU

HAPPY BIRTHDAY TO YOU

HAPPY BIRTHDAY TO YOU

TO YOU
차례 CONTENTS
HAPPY BIRTHDAY TO YOU
BIRTHDAY TO YOU

PART 3 쉽고 간단한 생활 미술관 56

PART 4 신 감각 신 개념 76

PART 5 독특한 나만의 스타일 96

PART 6 단아하고 운치 있는 카드 116

BYE BYE!

PREFACE

지금까지 우리들은

누군가로부터 수없이 많은 카드를 받아 보았습니다.

그 중 다른 것보다 훨씬 큰 기쁨과 감동을 주는 카드를

한번쯤은 받은 적이 있을 것입니다.

태어나는 그 순간부터,

우리들은 말하는 법과 걸음마를 배우고,

또래 친구들과 어울리는 방법을 배웁니다.

그런 과정 속에서 우리는 자신의 감정을

솔직하게 표현하는 것이

얼마나 중요한지도

배우게 됩니다.

가족이든 친구든 아니면 사랑하는 연인이건 간에,

솔직 담백하게 자신의 마음을 표현할 수 있다면

우리의 삶은 행복으로 늘 가득차게 될 것입니다.

작지만 정성이 가득 담긴 카드 한 장으로

우리는 감사와 축복의 마음을 전할 수 있고,

때론 따끔한 충고와 함께 격려하는 마음

또한 전할 수 있습니다.

자~! 지금부터 사랑이 듬뿍 담긴 카드를 만들어 봅시다.

당신이 만든 카드를 받고 기뻐할 사람의 모습이

벌써부터 떠오르는 것 같지 않으세요?

공구 & 재료

TOOLS & MATERIAL

각 도구들이 가지고 있는 독특한 기능들을 이해하고 그것들을 활용할 수 있다면, 여러분들은 최고의 동반자를 얻는 기쁨을 맛볼 수 있을 것입니다. 각양각색의 재료들은 무한한 창의력을 발휘하게 될 것이며, 화려하고 아름다운 색채들은 그 아름다움을 한껏 뽐내게 될 것이니까요.

TOOLS
&
MATERIAL

PART 1

개성 만점의 쌍둥이

비슷한 외모와 비슷한 키,

그리고 강렬한 영혼의 울림은

쌍둥이들을 특별하게 보이게 합니다.

그러나 그들은 한 몸에서 나왔어도

서로 다른 감성과 독특한 개성을

지니고 있습니다.

DISTINCTIVE TWINS

개성만점의 쌍둥이
PART 1 Distinctive twins

일촉즉발의 순간

땔나무에 거센 불이 붙으면, 수습할 수 없을 정도로 빠르게 타들어 가듯이, 사람들 간의 만남도 이와 같습니다. 나의 따뜻한 마음을 담아 내가 가장 아끼는 당신의 생일을 축하하고 싶습니다.

소원을 빌어 보세요

생일 축하해요

준비물

검은색 EVA 품지, 커피 색 머메이드지, 잘게 자른 종이 뭉치, 계수나무 가지, 작게 자른 종이, 영자 신문, 하얀색 머메이드지, 양면 테이프

만드는 방법

1 검은색 EVA 폼지를 약 10×10cm의 정사각형으로 자릅니다.

2 미리 잘라둔 9.5×9.5cm 크기의 커피 색 머메이드지를 검은색 EVA 폼지 위에 붙입니다.

3 글루건을 사용하여 잘게 자른 종이 뭉치를 카드 위에 붙입니다.

4 계수나무 가지를 약 5cm 크기의 작은 토막으로 자릅니다.

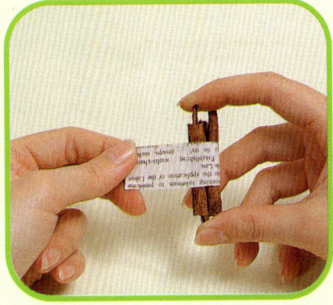

5 작게 자른 영자 신문으로 계수나무 가지를 둘둘 말아 고정시킵니다.

6 만들어 놓은 계수나무 묶음을 글루건을 사용하여 잘게 자른 종이 뭉치 위에 고정시킵니다.

7 불규칙하게 자른 작은 종이에 '생일 축하해요' 라는 말을 적은 다음, 양면 테이프로 카드 위에 붙이면 예쁜 카드가 완성됩니다.

개성만점의 쌍둥이
PART 1 Distinctive twins

2배의 영양

당신이 태어난 그날부터, 나는 당신에게 뭐든 2배로 주고 싶었어요.
2배의 사랑과 2배의 배려, 2배의 축복, 그리고 2배의 선물을 말이지요.

만드는 방법

1 원커터를 사용하여 검은색 머메이드지 위에 원 하나를 오립니다.

2 흰색 색연필로 적당한 위치에 반사되는 것처럼 반원을 그립니다.

3 부직포로 계란 노른자 두 개와 흰자를 오립니다.

4 계란 노른자와 흰자를 검은색 접시 위에 붙입니다.

5 미리 오려 놓은 나이프와 포크를 적당한 위치에 붙입니다.

6 마지막으로 원하는 문구를 붙이면 완성됩니다.

준비물
검은색·흰색 머메이드지, 노란색·흰색 부직포, 흰색 색연필, 흰색 문자 스티커

만드는 방법

1 태양 모양의 도형과 분홍색 머메이드지를 스테플러로 함께 집어 줍니다.

2 집어 놓은 것을 종이 테이프로 자주색 머메이드지 위에 붙입니다.

3 태양 모양의 바깥선 부분을 칼로 오립니다. (오려낸 분홍색 태양은 그대로 남겨둡니다.)

4 복숭아 색 머메이드지를 정사각형으로 자르고, 분홍색 태양을 위에 붙입니다.

준비물
복숭아 색, 자주색, 분홍색 머메이드지, 흰색 문자 스티커

5 분홍색 태양을 자주색 머메이드지 안쪽에 붙입니다.

6 마지막으로 카드의 네 모서리 부분에 흰색 글자를 붙이면 완성됩니다.

밤에 그리는 그림

오늘 저는 시끄러운 도시를 떠나 홀로 생일을 맞으려고 합니다. 깊은 밤부터 이른 아침까지, 깊은 숲 속에서 한가로운 시간을 보낼 것입니다.

개성만점의 쌍둥이
PART 1 Distinctive twins

준비물
단추, 흰색과 회색 머메이드지, 양면 테이프, 색 모래, 흰색 문자 스티커, 흰색 사인펜

깊은 정을 채워가요

마음 깊은 곳에 상자 하나를 놓아두고, 그 안에 당신의 모든 것을 담아 보세요. 당신의 숨소리와 심장 박동소리, 그리고 당신의 따뜻한 마음과 말들을 말이에요.

만드는 방법

1 9X6.5㎝ 크기의 회색 사각형을 불규칙적으로 자릅니다.

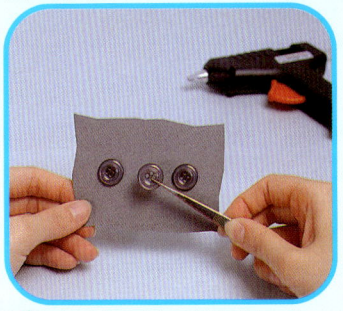
2 단추 3개를 글루건을 이용하여 종이 위에 고정시킵니다.

3 흰색 사인펜으로 안내선을 그려 넣은 다음, 다시 흰색 문자 스티커로 축하의 글귀를 붙입니다.

4 위와 같은 방식으로 속을 오려서 흰색 액자 모양을 만듭니다.

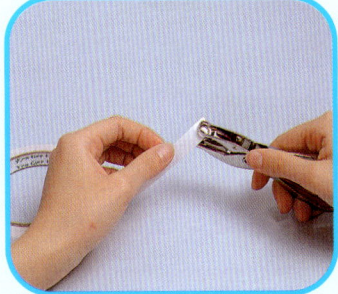
5 펀치를 사용하여 작은 원형의 양면 테이프를 만듭니다.

6 흰색 테두리 위에 원형의 양면 테이프를 자유롭게 붙입니다.

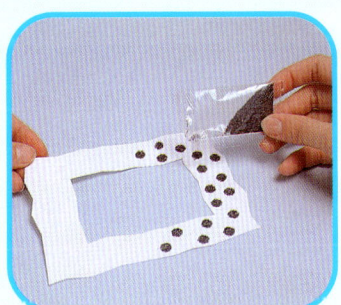
7 원형의 테이프 위에 검은색 모래를 쏟아 부어 테이프에 붙어 고정되게 합니다.

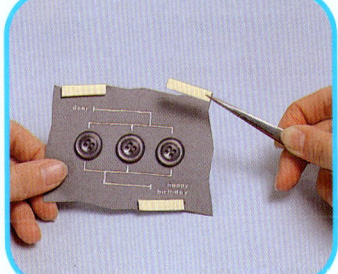
8 핀셋으로 회색 머메이드지 테두리에 양면 폼 테이프를 붙입니다.

9 마지막으로 흰색 액자 모양을 붙이면 예쁜 카드가 완성됩니다.

개성만점의 쌍둥이
PART 1 Distinctive twins

항상 보고 싶어요

꿈꾸는 것을 좋아하는 저는 매일 밤 10시가 되면, 내 자신에게 빨리 잠에 들라고 얘기합니다. 왜냐하면 매일 밤 꿈속에서 친구들과 만나기로 약속했기 때문이죠.

만드는 방법

1 흰색 머메이드지의 테두리에 2×2cm 크기의 정사각형을 그립니다.

2 알맞게 자른 분홍색과 복숭아 색 머메이드지를 그려진 정사각형 위에 붙입니다.

3 흰색 아크릴 물감으로 복숭아 색 머메이드지 위에 추상적인 그림을 그려 넣습니다.

4 흰색 머메이드지로 각각 크기가 다른 4개의 하트 모양을 오린 다음, 크레파스로 색칠합니다.

5 양면 테이프를 작게 잘라 하트 모양 뒤에 붙입니다.

6 하트 모양을 카드 위에 붙입니다.

7 'HAPPY BIRTHDAY'라는 글자를 카드 오른쪽 아랫부분에 붙이면 완성됩니다.

준비물

흰색·복숭아 색·분홍색 머메이드지, 크레파스, 검은색 문자 스티커, 양면 테이프, 흰색 아크릴 물감

개성만점의 쌍둥이
PART 1 Distinctive twins

신기한 3가지 소원

동화 속 알라딘의 요술 램프를 부러워한 적이 있으신가요? 어느 날 3가지 소원을 빌 수 있게 된다면 기억하세요! 3번째 소원은 마음 속 깊숙한 곳에 담아 두어야지, 절대로 입 밖에 내서는 안 된답니다.

준비물
골판지, 색연필, 아크릴 물감, 도장, 머메이드지

만드는 방법

1 흰 종이 위에 사인펜으로 요술 램프와 말 풍선의 밑그림을 그립니다.

2 색연필로 밑그림을 색칠합니다.

3 그림의 바깥 선을 따라 0.5cm의 여유분을 두고 오립니다.

4 말 풍선 안에 사인펜으로 원하는 문구를 적어 넣은 다음, 예쁘게 색칠합니다.

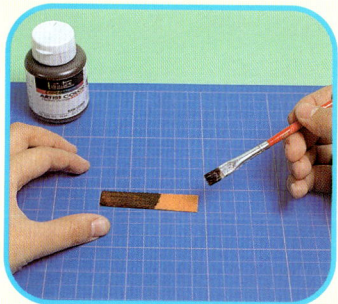

5 머메이드지를 길게 자른 다음, 커피 색 아크릴 물감을 칠합니다.

6 물감이 반 정도 말랐을 때, 그 위에 도장을 직접 찍습니다. (인주를 묻힐 필요는 없습니다.)

7 그려둔 밑그림과 도장을 찍은 종이를 골판지 위에 붙입니다.

개성만점의 쌍둥이
PART 1 Distinctive twins

준비물
머메이드지, 아크릴 물감, 원형 자, 문자 스티커

만드는 방법

1 머메이드지를 앞면과 뒷면의 길이가 약 1cm 정도 차이가 나게 마주보고 접습니다.

2 앞면에 연필로 밑그림을 그립니다.

3 원형 자를 이용하여 원하는 크기로 원을 그립니다.

4 펜 칼을 사용하여 그려진 아기 곰 그림을 오려냅니다. (윤곽선이 원본 그림보다 조금 커야 합니다.)

5 아크릴 물감을 사용하여 밑그림을 색칠합니다.

6 흰색과 빨간색 글자를 카드 위에 붙입니다.

7 미리 잘라놓은 아기 곰 뒷면에 양면 테이프를 붙입니다.

8 아기 곰을 비어있는 공간에 붙이면 완성됩니다.

아기 곰의 축복

아기 곰이 그려진 카드에는 작지만 사람들의 마음을 사로잡는 신비한 힘이 있습니다. 그 안에는 다른 사람을 사랑하는 따뜻함이 담겨 있기 때문입니다.

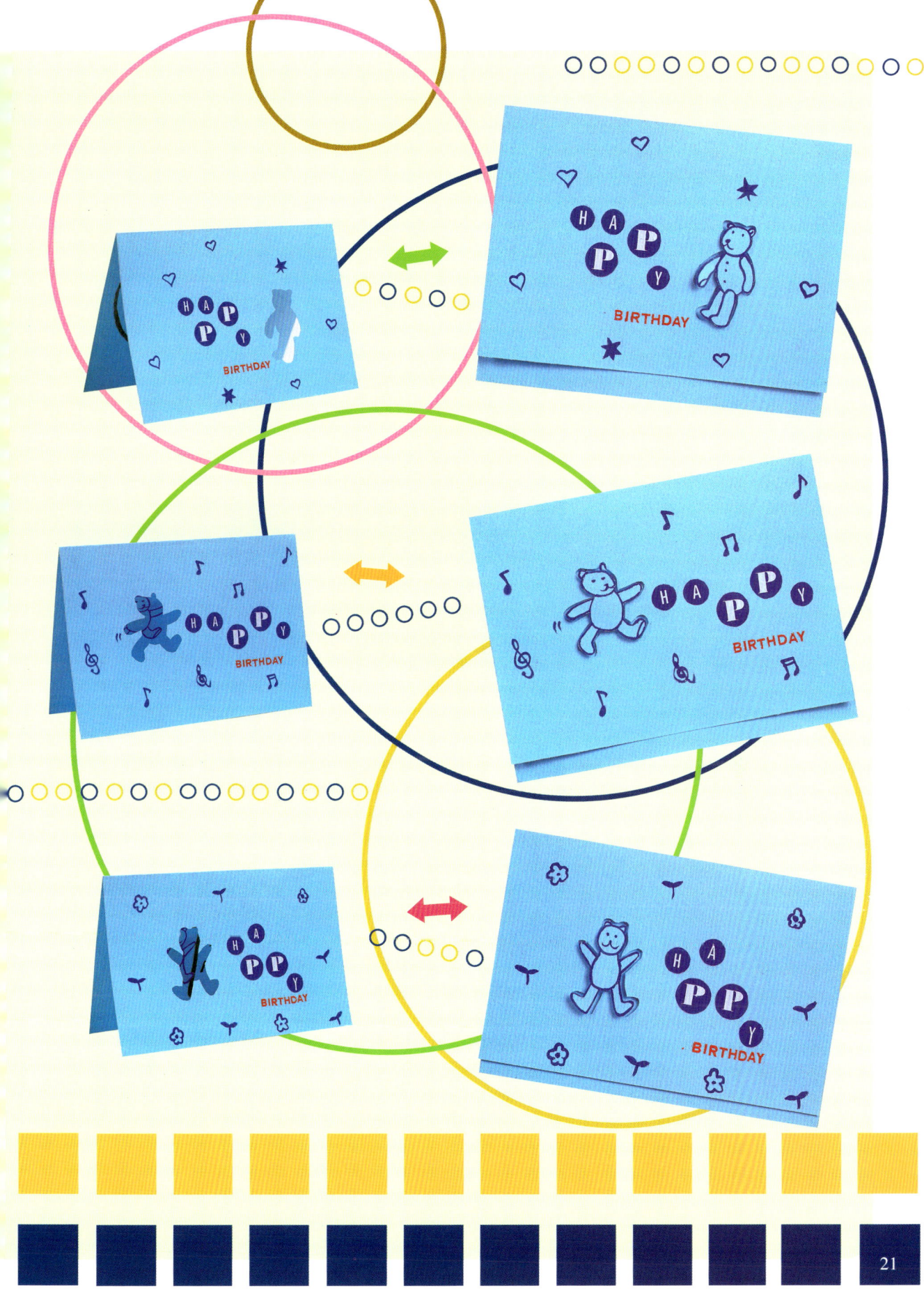

개성만점의 쌍둥이
PART 1 Distinctive twins

준비물
머메이드지, 골판지, 펀치, 문자 스티커, 금색 끈

만드는 방법

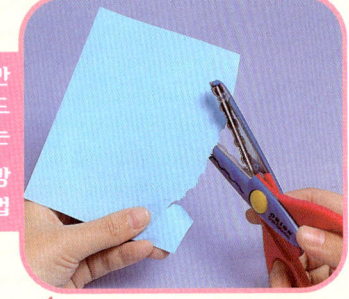

1 핑킹가위로 머메이드지를 원 모양으로 자릅니다.

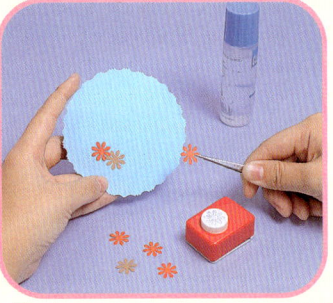

2 꽃 모양 펀치를 사용하여 여러 개의 꽃잎을 찍어낸 다음, 원형 위에 붙입니다.

3 필요한 글자를 카드 위에 붙입니다.

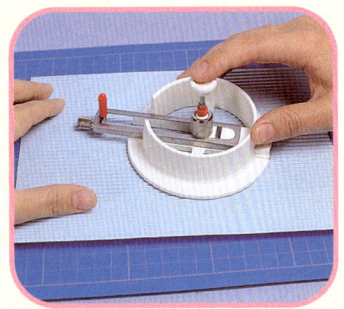

4 원커터를 사용하여 골판지를 원형으로 자릅니다.

5 만들어 놓은 머메이드지를 카드 위에 붙입니다.

6 마지막으로 골판지 윗부분에 구멍을 뚫어 금색 끈을 연결하면 완성 됩니다.

탄생의 기쁨

한 생명의 탄생은 조물주의 위대함과 새로운 생명의 경이로움을 느낄 수 있게 합니다.

그러므로 모든 사람의 탄생은 마땅히 축복 받아야 합니다.

만드는 방법

1 연필로 노란색 머메이드지 위에 별 모양의 밑그림을 그립니다.

2 그려진 밑그림을 따라 별 모양을 오려낸 다음, 연필 선을 깨끗하게 지웁니다.

당신만을 위하여

당신과 함께 나눌 수 있는 감동이 있고 당신과 함께 부르고 싶은 노래가 있습니다. 당신이 항상 내 곁에 있다는 것에 너무 감사 드립니다.

3 별의 6군데 모서리에 여러 가지 색 글자를 붙입니다.

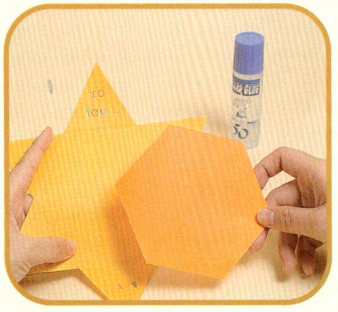

4 육각형 모양으로 만든 카드를 별 모양 위에 붙입니다.

> **준비물**
> 머메이드지, 문자 스티커

개성만점의 쌍둥이
PART 1 Distinctive twins

만드는 방법

1 머메이드지를 필요한 크기로 자른 다음, 서로 마주 보게 반으로 접습니다.

2 앞면의 테두리를 1.5cm정도 남겨 두고 액자 모양이 되도록 오려냅니다.

3 색연필로 안쪽에 사람을 그립니다.

4 앞면의 테두리 부분을 크레파스로 한 칸 한 칸 색칠합니다.

5 앞면의 네 모서리 부분과 안쪽 부분을 서로 맞닿게 붙입니다.

6 흰 종이 조각에 색연필로 원하는 글자를 씁니다.

7 예쁘게 색칠한 부분을 적당한 모양으로 잘라줍니다.

8 마지막으로 종이 조각 뒤에 양면 테이프를 붙인 다음, 사람 위에 붙이면 완성됩니다.

준비물
머메이드지, 색연필, 크레파스, 양면 테이프

행복한 나의 생일

오늘은 나의 생일!
즐겁고 행복했으면 좋겠어요.
모두에게 오늘이 가장 행복한
나의 생일이라고 알리는 것도
좋은 방법이겠지요.

HAPPY BIRTHDAY TO YOU

YOU TOO!

개성만점의 쌍둥이
PART 1 Distinctive twins

준비물
머메이드지, 라인 테이프, 문자 스티커, 셀로판지, 구김 주름지, 색줄

아름다운 순간

매우 작은 일일지라도 마음속 깊이 기억되어 작은 감동을 불러 일으키는 일들이 있습니다.
이런 멋진 기억들이 느껴질 수 있는 카드를 만들어 볼까요!

만드는 방법

1 흰색 머메이드지를 반으로 접고 앞면이 액자 모양이 되도록 중간 부분을 칼로 오려냅니다.

2 네 가지 모양의 나뭇잎을 만듭니다.

3 셀로판지를 같은 크기로 2장 자릅니다.

4 나뭇잎들을 셀로판지 위에 고정시킨 다음, 흰색 머메이드지 뒷면에 붙입니다.

5 구김 주름지를 머메이드지와 같은 방식으로 자른 다음, 머메이드지 앞면에 붙여줍니다.

6 구김 주름지의 각 모서리에 라인 테이프를 붙입니다.

7 검은색 글자를 카드 아랫부분에 붙입니다.

8 마지막으로 색 줄로 카드와 나뭇잎을 연결시킨 다음, 카드 윗부분에서 매듭을 짓습니다.

27

개성만점의 쌍둥이
PART 1 Distinctive twins

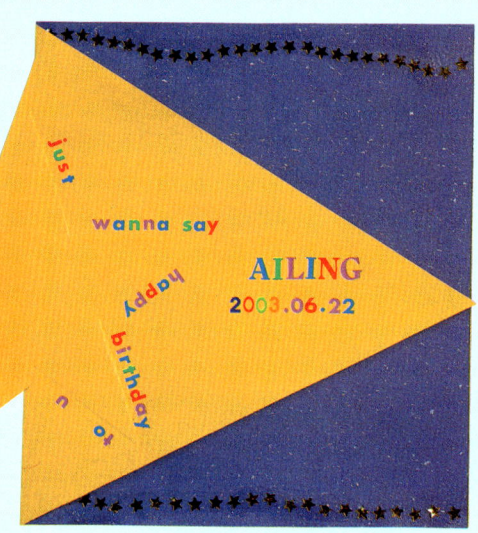

만드는 방법

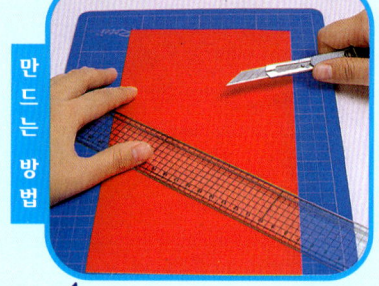

1 머메이드지를 대략 20x14cm 크기의 직사각형 모양으로 자릅니다.

2 연필로 종이 위에 필요한 밑그림을 그립니다.

3 칼 펜으로 하트 모양을 오려냅니다. (하트의 반쪽만 오려냅니다.)

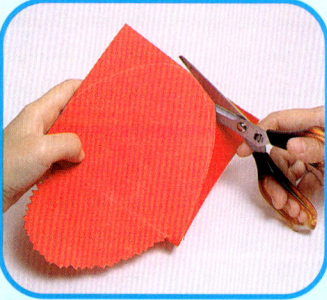

4 다른 쪽 역시 밑그림을 따라 가위로 오려냅니다.

5 도화지 위에 미리 그려놓은 밑그림을 대고, 작은 하트 모양 자국을 냅니다.

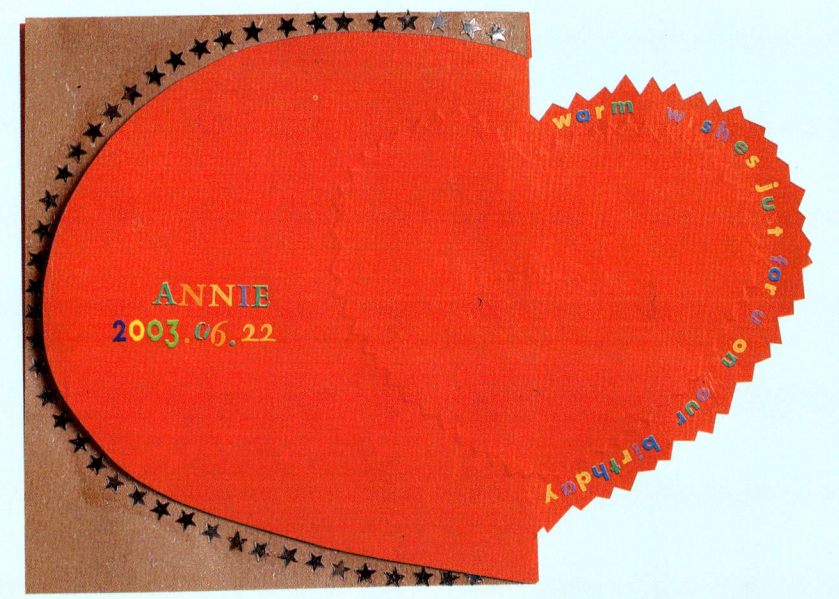

믿음을 가져요

생활하다 보면 원하는 것이 모두 이루어질 때도 있지만 그렇지 못할 때도 많습니다.
그렇지만 잘 될 것이라는 믿음을 갖고 일한다면 더 잘 풀리지 않을까요!

준비물
머메이드지, 별 조각, 두꺼운 도화지, 문자 스티커

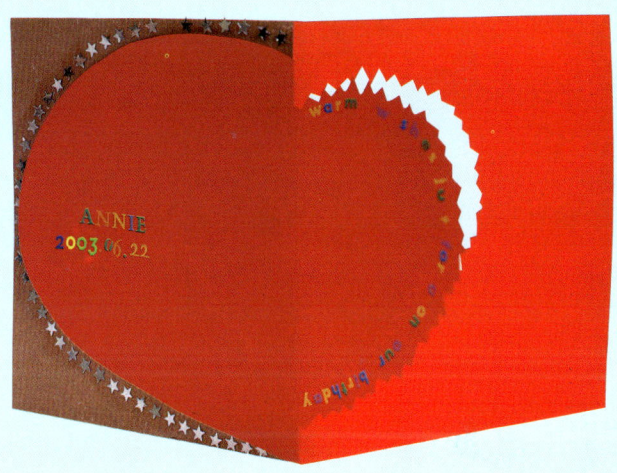

6 여러 가지 색 글자를 카드 위에 붙입니다.

7 정사각형의 다른 색 머메이드지를 안쪽에 넣어 고정시킵니다.

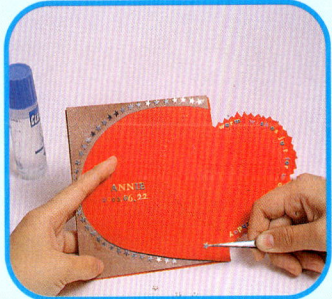

8 마지막으로 안쪽 머메이드지에 하트 모양을 따라 별 조각을 붙이면 완성입니다.

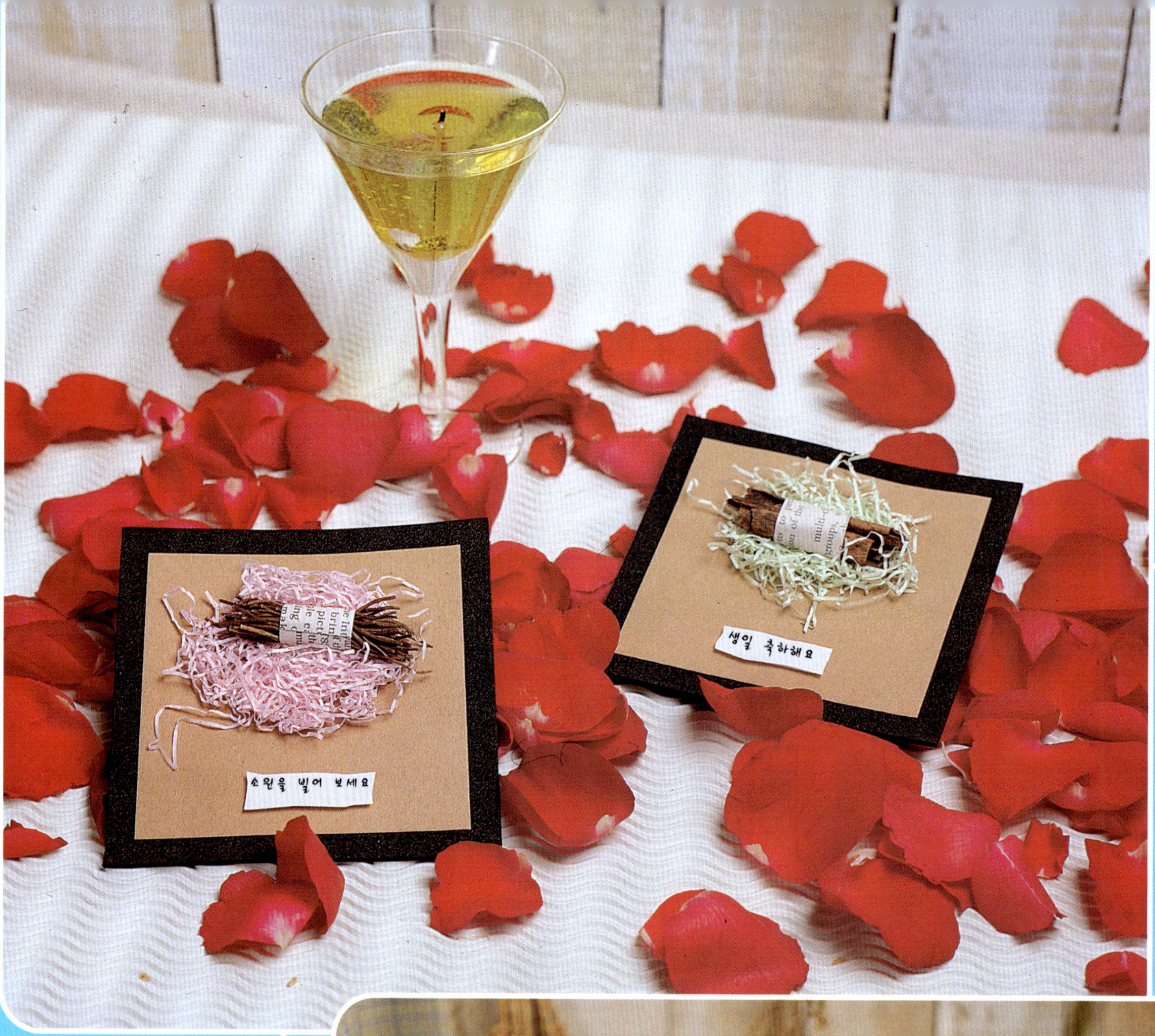
소원을 빌어 보세요
생일 축하해요

WARM BEST WISHES

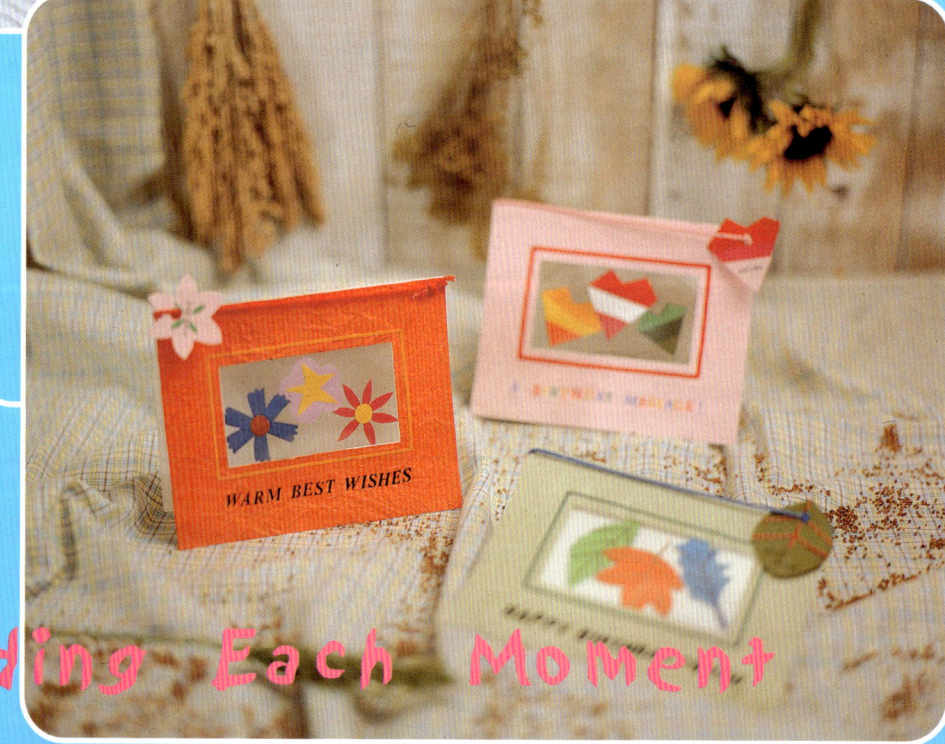

Recording Each Moment

Recording Each Moment

PART 2

2 변화를 창조하는 사람들

사람들은 누구나

가슴속에 꼭 이루고 싶은 희망을

하나씩 가지고 있습니다.

여러분은 어떤 희망을 가지고 있나요?

자신이 원하는 것을 생각하면서

이 작품을 만들어 보세요

변화를 창조하는 사람들

PART 2 CHANGEABLE STYLIST

모래사장 위의 축복

황금빛 해바라기를 손에 들고, 부드러움과 따스함이 흘러 넘치는 하얀 해변 모래사장 위에 앉아보세요. 조용히 파도 소리를 감상하면 눈앞의 풍경들이 나와 하나가 되는 것을 느낄 수 있을 거에요.

준비물
회색 머메이드지, 조약돌, 원통형 나무 토막, 흰색 영문 스티커, 노란색 머메이드지, 가는 철사

만드는 방법

1 원커터로 회색 머메이드지에 직경 11cm의 원을 그려 오립니다.

2 글루건을 사용하여 조약돌을 원둘레에 붙입니다.

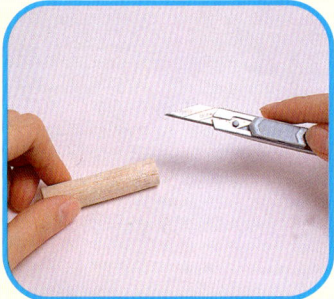

3 원통형 나무 토막을 약 5cm 정도의 크기로 자릅니다.

4 라이터를 사용하여 검게 그을린 느낌이 나도록 열을 가해 줍니다.

5 노란색 머메이드지로 불꽃 모양을 만들고 뒷면에 가는 철사를 꽂아 나무 토막 위에 고정시킵니다.

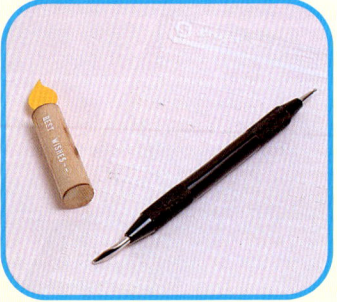

6 'BEST WISHES' 라는 글자를 나무 토막 위에 붙입니다.

7 마지막으로 완성된 초를 글루건으로 카드 중앙에 붙입니다.

만드는 방법

1 분홍색 대례지를 하트 모양으로 자릅니다.

2 하트 모양의 조형물과 준비해 둔 종이 하트를 글루건으로 붙입니다.

준비물

하트 모양으로 엮은 조형물, 분홍색 대례지, 여러 가지 색 영문 스티커, 분홍색 머메이드지

사랑하는 사람

사랑하는 사람이나 친구들의 생일! 비싸고 멋진 선물도 좋지만 여러분의 사랑이 가득 담긴 선물을 직접 만들어 준다면 받는 사람도 더욱 기뻐할 거예요.

3 작게 자른 분홍색 종이 조각에 축복의 글귀를 붙입니다.

4 핀셋으로 종이 조각을 하트 모형 위에 붙이면 완성됩니다.

Birthday card

변화를 창조하는 사람들

PART 2 CHANGEABLE STYLIST

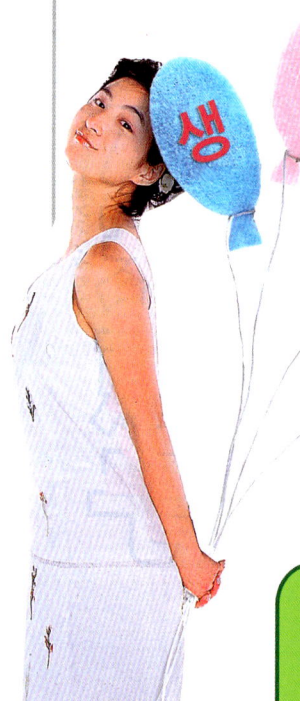

준비물
잡지, 가는 철사, 모형판, 부직포

만드는 방법

1 잡지 속 모델 그림을 적당한 크기로 오려서 머메이드지에 붙인 다음, 윤곽선에 맞춰 다시 오립니다.

2 부직포 위에 풍선 그림을 그려 4개의 풍선을 오립니다.

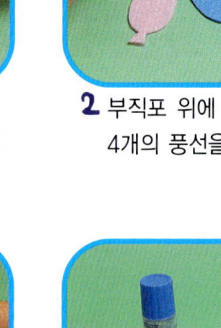

3 준비된 흰색 철사를 풍선 아랫부분에 고정시킵니다.

4 '생일 축하' 라는 글자를 오린 다음, 각각 부직포 위에 붙여 줍니다.

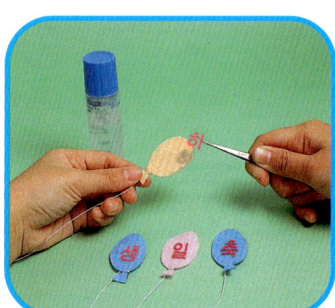

풍선에 꿈을 실어…

알록달록 예쁜 풍선, 그 안에 꿈과 희망을 가득 실어, 여러분에게 드립니다. 여러분도 꿈을 마음 속에만 담아두지 말고 자유롭게 훨훨 날려 보세요.

5 두꺼운 도화지를 길게 자른 다음, 모델 뒷면에 붙여 받침대가 되도록 합니다.

6 풍선을 모델의 손 부분에 단단하게 고정시키면 완성됩니다.

만드는 방법

1 별 모양 스티로폼에 오렌지 색 스프레이로 색을 입힌 다음, 약간 부식시켜 불가사리의 느낌이 나도록 합니다.

2 다 마른 다음, 미술용 칼로 불가사리를 반으로 자릅니다.

3 주름 종이를 약 1cm 폭으로 길게 자릅니다.

4 얇은 사인펜으로 잘라놓은 주름 종이 위에 'Happy Birthday'를 적습니다.

5 주름 종이로 한쪽 불가사리를 둘둘 감아 고정시킵니다.

6 노란색 머메이드지를 불가사리 모형과 비슷한 크기로 자른 다음, 두 모서리 부분을 이어 떨어지지 않도록 해줍니다.

7 마지막으로 불가사리를 노란색 별 위에 붙이면 완성됩니다.

바다 소리

불가사리는 깊은 바닷속에서 살지만, 화창한 날에는 햇볕을 쬐면서 자신의 눈부신 아름다움을 뽐내기도 합니다. 많은 사람들이 칭찬을 아끼지 않는 돌고래 조차도 그 아름다움을 칭찬할 정도라니까요.

준비물
별 모양 스티로폼, 주름 종이, 오렌지 색 스프레이, 얇은 사인펜, 노란색 머메이드지

Birthday card

변화를 창조하는 사람들

PART 2 CHANGEABLE STYLIST

만드는 방법

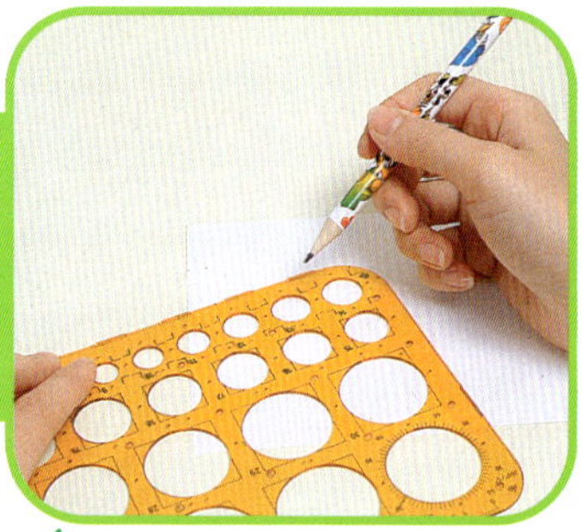

1 원형자를 사용하여 서로 다른 크기의 원을 8개 그립니다.

2 그려진 윤곽선을 따라 모두 오립니다.

5 글자를 순서대로 붙여 하나의 완벽한 단어를 만듭니다.

6 스티로폼 공을 여러 방향으로 조금씩 잘라낸 다음, 아랫부분을 평평하게 만들어 안정적으로 세워지게 합니다.

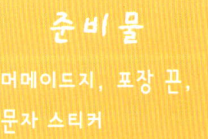

준비물

머메이드지, 포장 끈, 문자 스티커

만드는 방법

1 서로 다른 색 머메이드지로 오각형 별 4개를 오립니다.

2 별을 서로 포개듯이 한 줄로 배열해 놓고, 그 위에 글이 이어지게 글자를 붙입니다.

3 별의 중간 부분에 작은 구멍을 낸 다음, 한데 묶어주면 됩니다.

3 'B·I·R·T·H·D·A·Y' 라는 글자를 서로 다른 크기의 원 모양에 각각 붙입니다.

4 가는 철사를 마음대로 둘둘 감은 다음, 이것을 구부려서 별 모양을 만듭니다.

7 파란색 인주를 직접 공 위에 찍습니다.

8 마지막으로 가는 철사로 만든 별을 스티로폼 공에 꽂으면 완성됩니다.

준비물
스티로폼 공, 가는 철사, 여러 가지 색 문자 스티커, 흰색 머메이드지, 인주

소원을 비는 별

밤하늘의 별을 볼때마다 한가지 소원을 마음속으로 간절하게 빌어보세요. 그럼, 당신의 간절한 소망이 하늘에 전해져 당신의 소원을 이루어 줄 테니까요.

Birthday card

변화를 창조하는 사람들

PART 2 CHANGEABLE STYLIST

만드는 방법

1 나무판를 여러 토막으로 자른 다음, 2,3개 정도씩 붙입니다.

2 포장지를 사용하여 붙여 놓은 나무 토막을 작은 선물 모양으로 포장합니다.

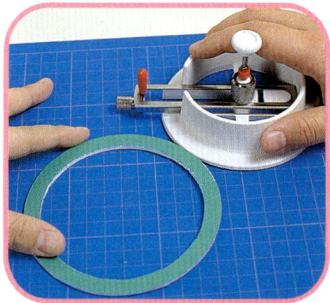

3 원커터로 우드락을 원형 테두리 모양으로 잘라냅니다.

4 종이 조각에 도장으로 글자를 찍어낸 다음, 작은 우드락 조각 위에 붙입니다.

5 우드락 끝에 구멍을 뚫어 가는 철사를 연결시킨 다음, 원형 테두리 위에 고정시킵니다.

6 원형 테두리 위에 나비 리본과 포장해 놓은 선물을 붙입니다.

준비물
나무 토막, 포장지, 우드락, 가는 철사, 도장, 리본

우정 비타민

선물을 준다는 것은 축복을 주는 것입니다.

저는 당신에게 즐거움과 평안, 행복, 건강이 담긴 축복의 선물을 드리겠습니다.

당신의 하루가 축복으로 가득하길 바라면서요.

지나간 세월을 기록해 보세요

지나간 추억들을 떠올려보면, 생일 때마다 당신이 있어서 외롭지 않게 보낼 수 있었습니다.
이제는 내가 당신의 생일을 축하해 줄 차례입니다.
당신의 생일을 진심으로 축하합니다!!

준비물
쓰다 남은 필름 2통, 펀치, 흰색 머메이드지

만드는 방법

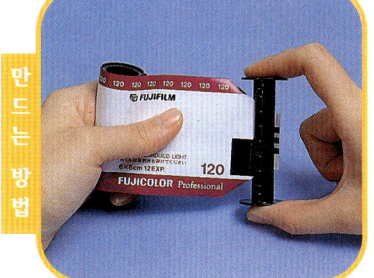

1 필름 안에서 필름 축을 떼어 냅니다.

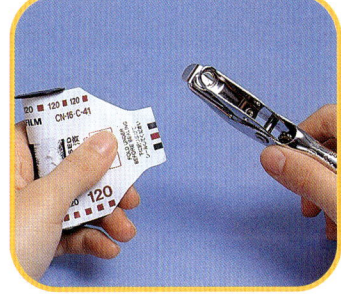

2 다른 필름 앞쪽 끝 부분에 펀치로 구멍을 뚫습니다.

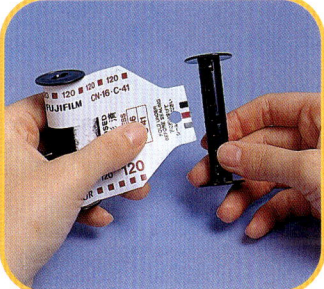

3 준비해 놓은 필름을 필름 축 사이로 통과시킨 다음, 고정시킵니다.

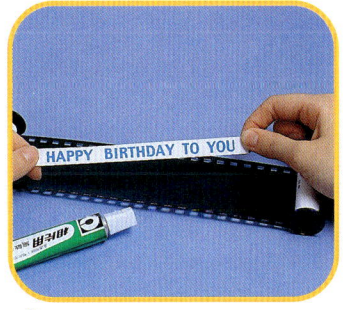

5 'HAPPY BIRTHDAY TO YOU' 라고 적은 종이를 필름 중앙 부분에 붙입니다.

6 꽃 모양 펀치를 이용하여 흰색 머메이드지로 여러 가지 색 꽃잎을 만듭니다.

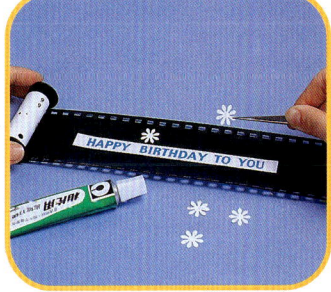

7 꽃잎을 카드 위에 불규칙하게 붙입니다.

Birthday card

변화를 창조하는 사람들

PART 2 **CHANGEABLE STYLIST**

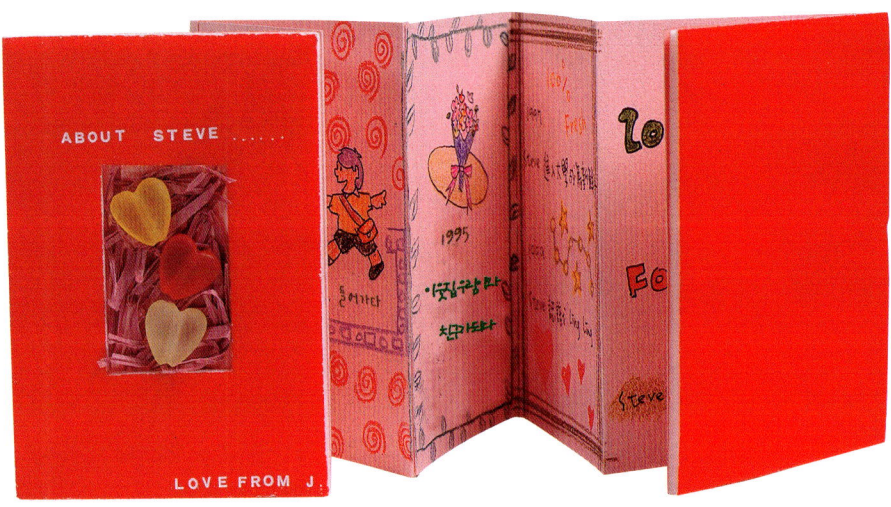

1 우드락을 같은 크기로 2장 자른 다음, 그 중 가운데 부분을 오려 내어 액자 모양을 만듭니다.

2 길게 자른 머메이드지를 같은 간격으로 포개어 접습니다.

3 색연필과 사인펜으로 여러 가지 그림과 글자들을 그려 넣고 그 위에 색칠을 합니다.

만드는 방법

성장의 기쁨

각 시기마다 중요한 일들을 기록해두면, 마음속에 담아 두었던 여러 가지 세세한 기억들 뿐만 아니라, 카드를 만드는 자신의 마음도 표현할 수 있습니다.

준비물
우드락, 도화지, 색연필, 주름 종이, 하트 모양 구슬, 문자 스티커

4 그림을 완성한 다음, 종이의 앞뒤 쪽에 우드락을 붙입니다.

5 주름 종이를 고르게 편 다음, 잘게 자릅니다.

6 주름 종이와 하트 모양 구슬을 틀 안에 붙인 다음, 원하는 글자를 앞면에 붙이면 됩니다.

Birthday card

변화를 창조하는 사람들

PART 2 **CHANGEABLE STYLIST**

> **준비물**
> 물방울 모양 스티로폼 공, 아크릴 물감, 머메이드지, 우드락, 여러 가지 색 문자 스티커, 포장끈

1 물방울 모양 스티로폼 공을 절반으로 자릅니다.

5 카드 앞면에 파란색 머메이드지 3장을 붙입니다.

항상 너의 곁에서

네가 힘들 때 위로할 수 있고, 네가 외로울 때 너와 동행할 수 있으며, 네가 기쁠 때에 함께 환호성을 지를 수 있는, 네가 의지할 만한 관심과 배려를 가진 너의 수호 천사가 되기를 바래!

2 반으로 자른 물방울 모양을 아크릴 물감으로 색칠합니다.

3 물방울 모양을 잘 배열한 다음, 여러 가지 색의 영문자를 붙입니다.

4 같은 크기로 자른 2장의 우드락을 도화지 위에 붙입니다.

6 물방울 모양을 적당한 간격으로 카드 앞면에 붙입니다

7 카드 주위에 원하는 글자를 붙입니다.

8 마지막으로 카드 양쪽에 구멍을 2개 뚫은 다음, 포장끈을 연결합니다.

Birthday card

변화를 창조하는 사람들

PART 2 CHANGEABLE STYLIST

만드는 방법

1 하드보드지를 대략 20×4㎝ 길이의 초 모양으로 자릅니다.

2 녹색 머메이드지를 하드보드지와 같은 크기로 자른 다음, 양면 테이프를 사용하여 두 개를 서로 붙입니다.

5 다른 하드보드지를 잘라둔 초 모양 사이로 꽂아 입체감을 살려줍니다.

6 흰색 도화지를 핑킹가위를 사용하여 약 9×3㎝ 크기로 자릅니다.

소원을 빌어 보세요!

생일 케이크를 앞에 두고 촛불을 끄기 전에, 자신의 소원을 미리 생각해 두세요. 그럼, 한번에 소원을 빌 수 있을 것입니다.

> **준비물**
> 하드보드지, 노란색, 흰색,
> 초록색 도화지, 도장, 인주

3 노란색 머메이드지로 촛불 모양을 만들어서 하드보드지 위에 붙입니다.

4 녹색 초 모양 하드보드지의 중간 부분을 하드보드지 두께와 같은 폭으로 자릅니다.

7 종이 위에 먼저 노란색으로 'HAPPY BIRTHDAY'라는 문구를 찍고, 그 위에 또 한번 붉은 색을 찍어 입체감을 나타냅니다.

8 종이 조각을 반으로 접은 다음, 그 뒷면에 양면 테이프를 붙여 촛대에 붙이면 완성됩니다.

Birthday card

변화를 창조하는 사람들

PART 2 **CHANGEABLE STYLIST**

이상한 나라의 엘리스

이상한 나라의 엘리스를 기억하세요?
이곳은 엘리스가 갔었던 인정 넘치는
남국의 한 성입니다.
이제 인자한 국왕이 당신의 생일을 축하
하는 파티를 연다고 하는군요!!

<table>
<tr><td>만드는 방법</td></tr>
</table>

1 사인펜으로 한지에 나무 모양을 그립니다. 손으로 한지의 끝을 살짝 잡아 당겨서 솜 같은 느낌을 냅니다.

2 완성된 나무 모양을 적당한 위치에 붙입니다. (본드를 너무 많이 바르면 카드가 지저분해 질 수 있습니다)

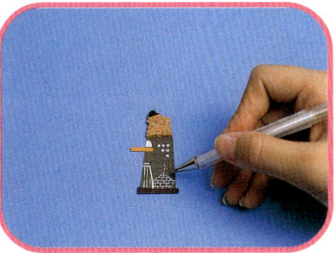

3 코르크와 종이로 만든 성에 흰색 사인펜으로 성 모양 구조를 만듭니다.

4 골판지의 울퉁불퉁한 부분을 이용해서 성의 계단을 만듭니다.

5 카드에 성 모양과 계단 모양을 적당한 위치에 붙입니다.

6 카드 종이보다 조금 진한 색 종이를 밑에 대어 더욱 두드러져 보이게 합니다.

7 마지막으로 문자 스티커로 축복의 문구를 붙입니다.

Birthday card

변화를 창조하는 사람들

PART 2 CHANGEABLE STYLIST

1980. 5. 12
이 날이 네가 태어난 날이야.
너의 생일을 영원히 기억할게

1 작게 자른 영자 신문 한 장을 복사한 다음, 한 행씩 잘라냅니다.

4 영자 신문에 빨간색 형광펜으로 색칠한 다음, 종이를 잘게 찢습니다.

7 물방울 모형을 빨간색 하트가 되도록 카드 위에 붙입니다.

만드는 방법

준비물
물방울 모양 스티로폼 공,
여러 가지 색 문자 스티커,
영자 신문, 흰색 머메이드지

2 잘라놓은 신문 조각을 카드 왼쪽 부분에 가지런하게 붙입니다.

3 접착액과 물을 2:1의 비율로 섞습니다.

5 물방울 모양의 스티로폼 공을 절반으로 자릅니다.

6 찢어놓은 종이 조각에 접착액을 발라 물방울 모형 위에 하나하나 붙인 다음, 마를 때까지 기다립니다.

8 'HAPPY BIRTHDAY'라는 문구를 하트 위에 붙입니다.

9 마지막으로 친구가 태어난 날을 붙이고 글을 적습니다.

사랑의 축복!

매년 친구들의 생일이 되면 직접 친구들의 생일 카드를 만듭니다. 왜냐하면 제 마음 속에서 당신은 여전히 제가 가장 사랑하는 사람이기 때문입니다.

Birthday card

변화를 창조하는 사람들
PART 2 CHANGEABLE STYLIST

준비물
물방울 모양 스티로폼 공, 한지, 가는 철사, 흰색 문자 스티커, 검은색 중성펜, 노란색 머메이드지

꽃말

해바라기의 꽃말은 숭배, 백합은 순결, 아카시아는 숨겨진 사랑, 샐비어는 불타는 정열입니다. 이 모든 꽃말의 의미를 담은 나만의 꽃을 만들어 당신에게 보냅니다.

만드는 방법

1 물방울 모양 스티로폼 공 세 개를 절반으로 자릅니다.

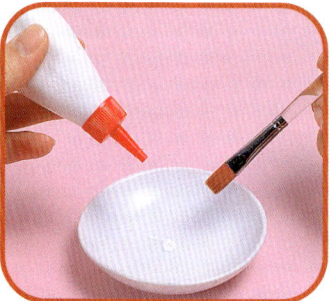

2 접착액과 물을 2:1의 비율로 섞습니다.

3 한지를 작은 조각으로 찢어 물방울 모양 위에 붙이고, 마를 때까지 기다립니다.

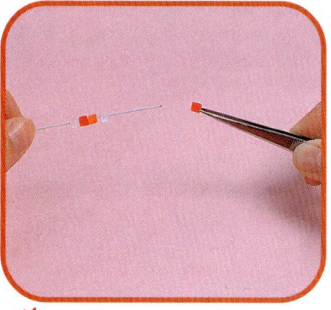

4 가는 철사에 작은 구슬을 끼웁니다.

5 가는 철사의 양끝은 펜치를 사용하여 구부립니다.

6 가는 철사를 카드 안으로 넣은 다음 단단하게 고정시킵니다.

7 그림과 같이 검은색 중성 펜으로 카드 오른쪽에 안내선을 그립니다.

8 흰색 문자 스티커를 이용하여 'best wishes' 라는 문구를 붙입니다.

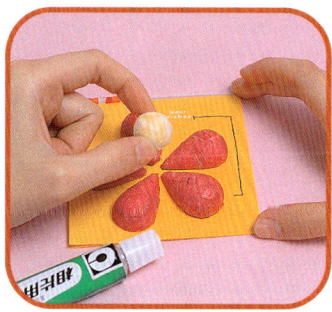

9 물방울 모형을 카드 위에 꽃 잎 모양으로 붙여주면 완성 됩니다.

Birthday card

WHAT ARE YOU DOING?

NOTHING !

Birthday card

PART 3

3 쉽고 간단한 생활 미술관

간편하고 편리한 것을

추구하는 시대의 흐름에 따라,

여러분도 생활을 편리하게

바꿔보는 것은 어떨까요?

아직도 이것저것 어지럽게

늘어 놓고 있나요?

그렇다면 빨리 주위를 정리하는 것이

좋을 것 같군요.

쉽고 간단한 생활 미술관

PART 3 *Easy-life Exhibition*

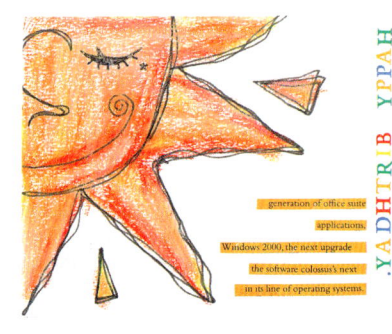

햇님이 **방긋** 웃고 있어요

구름 한점 없는 화창한 하늘 아래, 살랑살랑 불어대는 바람이 더해지면, 덥지도 춥지도 않은 날씨를 맛볼 수 있습니다.

이런 날에 가족들과 외출을 하면 우리의 기분은 더욱 상쾌하고 즐거울 것입니다.

준비물

흰색 머메이드지, 사인펜, 여러 가지 색 문자 스티커, 오렌지 색 물감, 영자 신문, 크레파스

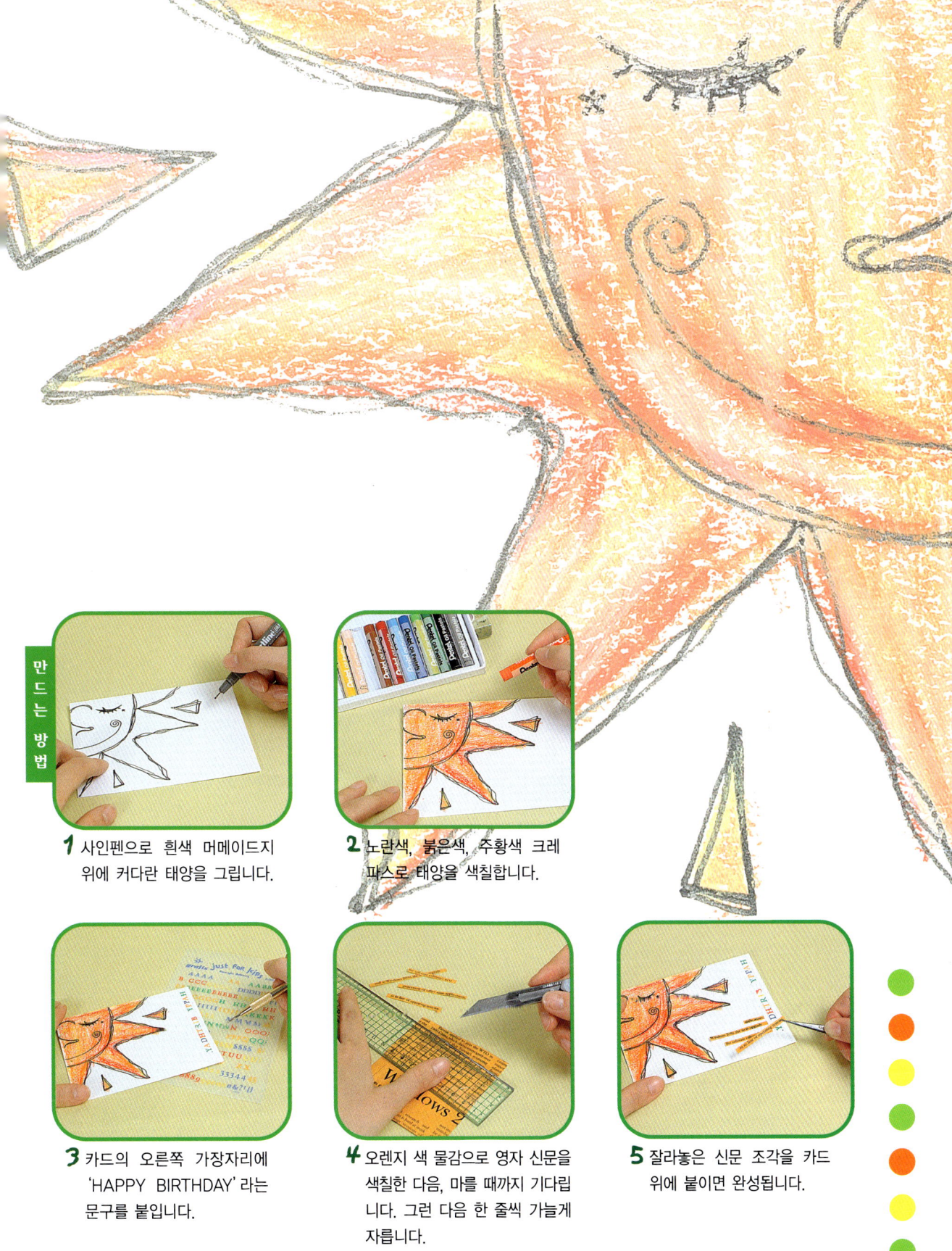

만드는 방법

1 사인펜으로 흰색 머메이드지 위에 커다란 태양을 그립니다.

2 노란색, 붉은색, 주황색 크레파스로 태양을 색칠합니다.

3 카드의 오른쪽 가장자리에 'HAPPY BIRTHDAY'라는 문구를 붙입니다.

4 오렌지 색 물감으로 영자 신문을 색칠한 다음, 마를 때까지 기다립니다. 그런 다음 한 줄씩 가늘게 자릅니다.

5 잘라놓은 신문 조각을 카드 위에 붙이면 완성됩니다.

쉽고 간단한 생활 미술관
PART 3 Easy-life Exhibition

모든 물건에는 그것만이 갖고 있는 고유한 번호가 있답니다. 마치 사람들에게 자신만의 생일이 있는 것처럼 말이지요.

우리들의 고유 번호

어릴 적 어머니께서는 제게 이런 말씀을 해주셨습니다. 병에는 모두 고유한 번호가 있는데, 이것은 우리들이 자신만의 생일을 갖고 있는 것과 같다고 말입니다. 그렇기 때문에 손에 들고 있는 빈 병을 함부로 버리게 되면, 거리에 고아들이 늘어나게 될 것입니다.

준비물
흰색 머메이드지, 검은색 사인펜

만드는 방법

1 흰색 머메이드지 오른쪽 아랫부분에 고유 번호(바코드)를 그립니다.

2 카드 위에 5~6개의 병과 둥근 용기들을 그립니다.

3 카드 아래쪽에 짧은 글을 적으면, 간단하게 카드가 완성됩니다.

만드는 방법

1 얇은 사인펜을 사용하여 작은 욕조를 그립니다.

2 파란색 계열의 크레파스를 이용하여 욕조를 색칠합니다.

따뜻한 겨울

추운 겨울에 태어난 당신.
마음까지 추워지는 날이면
따뜻한 물에 몸을 담궈 보세요.
이제 당신을 생각하는 나의
따뜻한 마음이 느껴지나요?

3 카드 아랫부분에 따뜻한 메시지를 적습니다.

4 마지막으로 얇은 검은색 사인펜으로 선을 몇 개 그리면, 예쁜 카드가 완성됩니다.

준비물
얇은 사인펜, 크레파스
흰색 머메이드지,

따뜻한 물에 몸을 담궈 보세요.
나의 따뜻한 마음이 느껴질 거예요!
▶ 생일 축하해요~!! ◀

쉽고 간단한 생활 미술관

PART 3 *Easy-life Exhibition*

만드는 방법

1 하드보드지를 정사각형으로 자른 다음, 그 위에 필요한 밑그림을 그립니다.

2 색종이를 여러 장 준비해서 잘게 찢어놓습니다.

풍성한 만찬

많은 친구들과 모여 생일 파티를 열어보세요. 함께 준비하는 시간들이 정말 즐겁고 행복하게 느껴져요.

3 찢어놓은 종이 조각을 하드보드지에 붙입니다. (주의할 점 : 종이 조각의 틈이 너무 많이 벌어져서는 안 됩니다)

4 완성된 밑그림을 뒤집어, 그 뒷면에 고리를 붙이면 완성됩니다.

준비물
하드보드지, 색종이, 고리, 원커터

준비물
흰색·파란색, 문자 스티커,
주황색 머메이드지

매 순간의 기록

너를 알게 된 그 날부터, 네가 나의 일생일대 최고의 친구라는 것을 알 수 있었어. 그래서 너와 만난 시간을 정확하게 기억하고 있어. 오늘이 우리가 알게 된지 2920일이야!

만드는 방법

1 흰색 머메이드지 위에 2㎝ 크기의 정사각형을 여러 개 그립니다.

2 파란색과 주황색 머메이드지를 원커터로 잘라 12개의 원을 준비합니다.

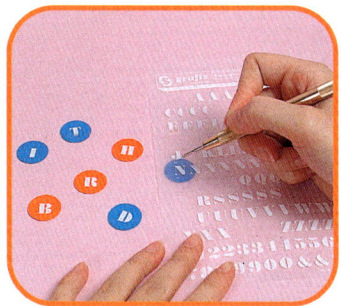

3 잘라놓은 원모양 위에 흰색 영문자들을 붙여서 'HAPPY BIRTHDAY TO YOU'라는 문구를 만듭니다.

4 밑그림에 순서대로 맞춰 붙이면 완전한 하나의 문구가 됩니다.

5 지우개로 가볍게 연필 선을 지우면 완성됩니다.

쉽고 간단한 생활 미술관
PART 3 Easy-life Exhibition

만드는 방법

1 붉은색 머메이드지를 반으로 접은 다음, 겉면 중앙에 직사각형 모양을 오려냅니다.

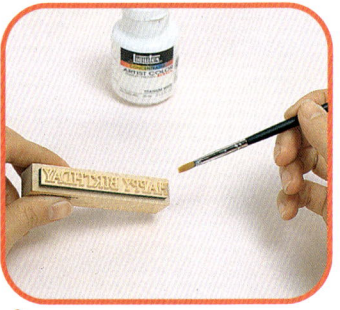

2 'HAPPY BIRTHDAY'라는 글자가 새겨진 도장 위에 흰색 아크릴 물감을 칠합니다.

3 기름종이를 준비해서 그 위에 도장을 찍습니다.

4 글자가 찍힌 기름종이의 양쪽 끝에 양면 테이프를 붙입니다.

5 기름종이를 카드의 구멍 난 부분 안쪽에 붙입니다.

6 마지막으로 축하의 문구를 붙입니다.

준비물
붉은색 머메이드지, 양면 테이프, 도장, 흰색 아크릴 물감, 기름종이,

축복을 드려요
사랑하는 내 친구야!
너의 생일엔 언제나
우리가 함께 할거야.
오늘 그리고 영원히!

준비물
머메이드지, 유성 펜, 모양 자, 색연필

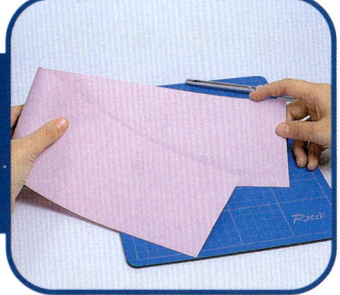

1 머메이드지를 적당한 길이로 자른 다음, 반으로 접습니다.

2 머메이드지에 적당한 간격을 두고 연필로 밑그림을 그립니다.

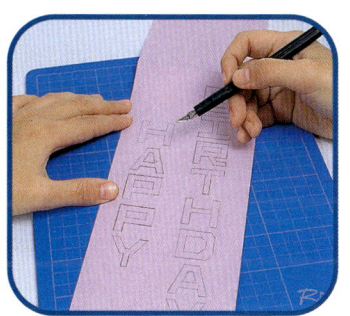

3 펜 칼로 적어놓은 글자의 선을 따라 오려냅니다.

4 흰색 머메이드지로 속지를 만든 다음, 카드 안쪽에 끼워 넣습니다.

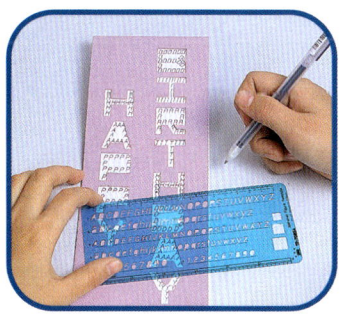

5 모양 자를 사용하여 글자 테두리를 따라, 유성 펜으로 영문자를 채워 넣습니다.

6 마지막으로 영문자를 색연필로 예쁘게 색칠하면 완성됩니다.

사랑 100%

작게 속삭이듯 말하는 부드러운 말은 마음을 따뜻하게 합니다.

그래서 내 마음속에 가득 담겨 있는 따뜻한 마음을 하나도 남기지 않고 당신에게 모두 드리고 싶습니다.

쉽2 간단한 생활 미술관
PART 3 Easy-life Exhibition

만드는 방법

1 속지와 겉장을 만든 다음, 겉장은 반으로 접습니다.

2 흰색 라인 테이프로 겉장에 곡선으로 된 오선지를 만듭니다.

3 오선지를 따라 겉장 오른쪽 윗부분을 오려냅니다.

4 음표 모양 조각을 잘 배열하여 카드에 붙입니다.

5 미리 잘라둔 속지를 겉면 안쪽 부분에 끼웁니다.

6 마지막으로 글자를 속지 위에 붙이면 완성됩니다.

준비물
머메이드지, 흰색 라인 테이프, 음표 모양 조각, 문자 스티커

생일 축하곡

생명의 탄생은 한 곡의 음악과 같습니다. 고음, 저음이 있을 뿐만 아니라, 단 1개의 음절만으로도 우리들이 기뻐할만한 아름다움을 주기 때문입니다.

만드는 방법

1 원형 자를 사용하여 머메이드지 위에 카드의 밑그림을 그립니다.

2 밑그림을 따라 칼로 오려냅니다.

3 8개의 원 모양을 안쪽을 향해 가지런하게 접습니다.

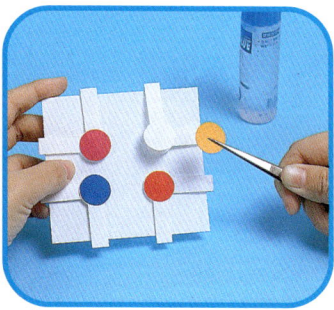
4 같은 크기의 원을 4개 만든 다음, 카드 겉면에 붙입니다.

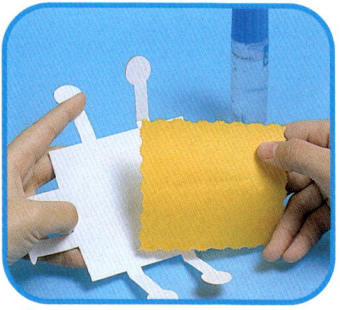
5 핑킹가위로 노란색 속지를 자른 다음, 머메이드지 위에 붙입니다.

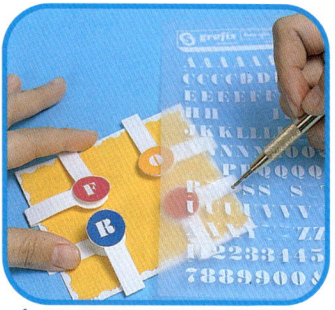
6 마지막으로 글자를 카드 위에 붙이면 완성됩니다.

준비물
머메이드지, 원형 자, 문자 스티커

사랑의 온도계

가늘지만 오래 흐르는 물과 같은 우리의 마음이 서로간의 우정을 끈끈하게 맺어 주었습니다. 평범한 생활 속에서 이와 같은 작은 기쁨들이 더해진다면, 사랑의 온도계는 계속해서 올라갈 것입니다.

쉽고 간단한 생활 미술관
PART 3 Easy-life Exhibition

별처럼 맑은 너

넓은 우주에서 너를 발견했어!
너는 별처럼 맑은 마음을 가지고
있었어. 오늘같이 특별한 날, 너에게
나의 작은 마음을 보내고 싶어!
기쁘게 받아 주길 바래~
생일 축하해~^^

준비물
말린 꽃, 포장지,
면실, 잘게 자른 종이
뭉치, 문자 스티커,
각종 미술지, 말린
수세미

1 종이를 그림과 같이 접습니다.

2 적당한 양의 종이 뭉치를 카드 중앙에 붙입니다

3 말린 꽃을 포장지로 싼 다음, 핀셋으로 예쁘게 정리합니다.

4 꽃 다발을 적당한 각도로 기울여 붙입니다.

5 작은 카드 하나를 만듭니다.

6 세 가지 크기의 하트 모양을 오린 다음, 겹쳐서 붙입니다.

7 흰색 사인펜으로 원하는 문구를 적어 넣습니다.

8 하트 모양을 카드의 중앙 접히는 곳에 붙입니다.

9 손 모양을 만들어 양쪽에 붙입니다.

10 뒷면에 쓰고 싶은 말들을 적습니다.

11 색연필로 글이 적혀 있는 부분을 예쁘게 장식합니다.

쉽고 간단한 생활 미술관
PART 3 Easy-life Exhibition

골판지 감기

1. 원형

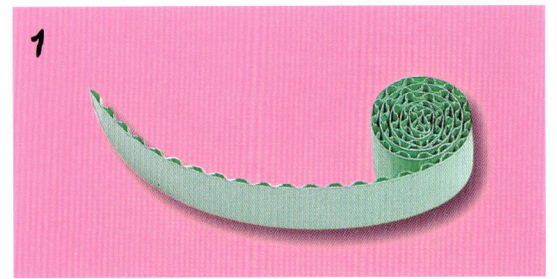

2. 삼각형

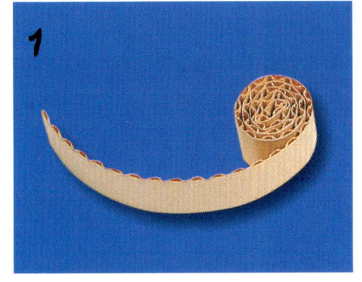
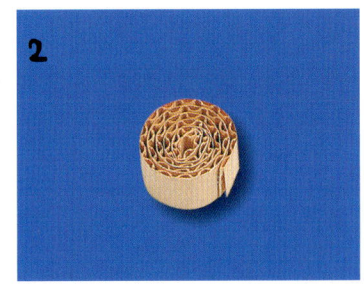
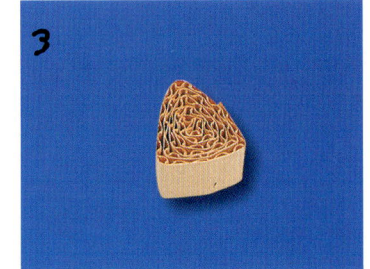

3. 하트 모양

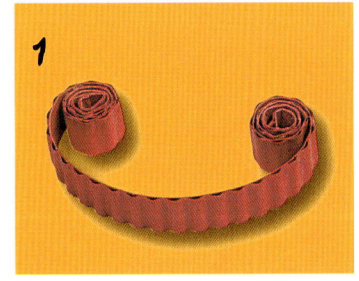
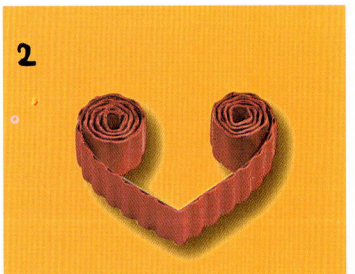
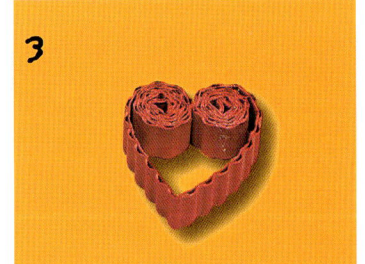

4. 나선형

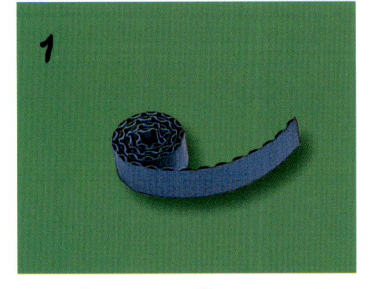

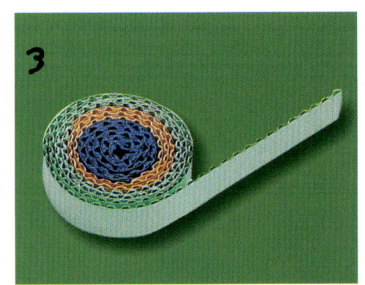

춤추는 너의 마음

아주 특별한 날 우리 모두 춤을 추며 축하해요!
당연히 한 마디 해야겠죠! "생일 축하해요"

1 골판지를 감아서 만든 인형을 각각 카드에 모아서 붙입니다.

2 골판지를 감아 만든 하트를 카드의 오른쪽 아래에 붙입니다.

3 문자 스티커에서 글자를 골라 붙인 다음, 사인펜으로 축복의 말을 적습니다.

4 사인펜으로 쓴 영문자의 빈 부분을 색연필로 색칠합니다.
(카드에 화려함을 더해줍니다)

쉽고 간단한 생활 미술관
PART 3 *Easy-life Exhibition*

영원한 친구

너는 '큰 꽃', 나는 '작은 꽃',
사람들은 우리들을 '둘도 없는
친구 사이'라고 말합니다.
그리고 오늘은 똑같은 날 태어난
우리들의 생일이랍니다.

1 액자 모양으로 자른 두꺼운 종이 뒤에 녹색 종이를 붙인 후, 주위에 사인펜으로 흰색 점을 찍어 장식합니다.

2 핑킹가위로 테두리를 자른 흰색 종이를 액자 모양의 중간에 붙입니다.

3 나뭇가지를 카드의 아랫부분에 붙여 화분 받침을 만듭니다.

4 골판지를 감아서 만든 꽃 모양을 각각 조합해서 붙입니다.

5 코르크로 만든 화분을 꽃 밑의 적당한 위치에 붙입니다.

6 영자 신문을 이용해서 잎을 만들어 붙입니다.

7 큰 꽃과 작은 꽃이 손에 손을 잡고 있는 그림을 그리고, 문구를 적어 넣습니다.

Three magic wishes !

Three Magic wishes !

Three magic wishes !

Make a wish!

PART 4

4 신 감각 신 개념

판에 박힌 듯한 인상을
버리고 새로운 유행의 흐름을
느껴보세요!
더 이상 틀에 구속받지 말고,
생활 속에 새로운 변화를 가져보는 것도
괜찮지 않을까요!

신 감각 신 개념

PART 4 *Newfangled Trend*

축복의 선인장

축복의 말들을 선인장 카드 위에 적어 봅니다. 비료를 줄 필요도 없고 물을 줄 필요도 없습니다. 그저 당신의 가슴 속에서 하루하루 싹을 피울 수 있기를 바랄 뿐입니다.

만드는 방법

1 녹색 머메이드지로 다각형 모양의 원을 자릅니다.

2 얇은 사인펜으로 원 안에 선인장 가시를 그립니다.

3 선인장 뒷면에 양면 테이프를 붙입니다.

4 화분 모양으로 자른 종이에 'HAVE A NICE DAY'라는 문구를 붙입니다.

> **준비물**
> 붉은 색·녹색 계열 머메이드지, 얇은 사인펜, 양면 테이프, 흰색 문자 스티커

5 선인장을 화분에 입체감이 느껴지도록 붙이면 완성됩니다.

준비물
붉은색, 파란색, 흰색
머메이드지

늘 푸른 하루

목소리가 커서 조금은 시끄럽기도 하고 바보 같은 때도 있는 친구지만, 네가 있기 때문에 비바람이 몰아 치고 천둥 번개가 치는 날에도 내 마음은 항상 화창하단다!

만드는 방법

1 파란색 머메이드지를 삼각형 모양으로 자릅니다.

2 조각용 도구로 카드 가장자리를 꾹꾹 눌러 조금 다른 느낌이 나도록 합니다.

3 흰색과 붉은색 머메이드지를 선택하여 'HAVE A NICE DAY' 라는 글자를 오립니다.

4 글자들을 순서대로 붙이면 완성 됩니다

신 감각 신 개념
PART 4 Newfangled Trend

준비물

나무 판, 커피 색 아크릴 물감, 흰색 머메이드지, 색연필, 포장지, 말린 꽃, 사인펜, 가죽 끈

PIG!

만드는 방법

1 나무판을 10×0.5cm 크기로 8개 자릅니다.

2 연한 커피 색 물감을 골고루 칠한 다음, 그대로 말립니다.

3 그림과 같이 말린 나무판을 본드로 붙입니다.

4 흰색 머메이드지를 돼지 모양으로 오립니다.

5 색연필로 돼지 모양의 윤곽선을 따라 테두리를 그립니다.

6 사인펜으로 '귀여운 아기 돼지 생일 축하해요'라는 문구를 적습니다.

7 돼지 모양 종이를 나무 토막 위에 붙입니다.

8 작게 자른 포장지로 말린 꽃을 포장해서 작은 꽃다발을 만듭니다.

9 꽃다발을 카드의 오른쪽 아랫 부분에 붙입니다.

생일 축하해요

나는 당신을 '아기 돼지'라고 부르는 것을 좋아합니다. 왜냐하면 당신은 장난치기 좋아하는 귀엽고 사랑스러운 아기 돼지 같기 때문입니다. 그래서 당신과 잘 어울리는 아기 돼지 카드에 내 마음을 담아 보냅니다.

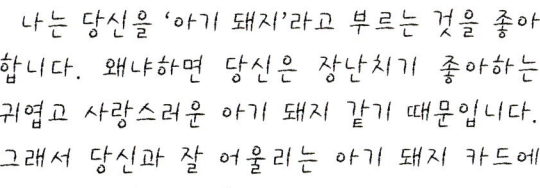

10 가죽끈을 뒷면에 고정시키면 완성됩니다.

신 감각 신 개념

PART 4 **Newfangled Trend**

노래 한 곡

아름다운 노래는 우리들의 마음을 울리는 감동을 줍니다. 친구들과 조용히 음악을 듣고 있으면, 서로 더욱 가까워지는 느낌도 들고, 마치 우리들만을 위한 노래인 듯한 착각이 들 정도입니다.

준비물
복숭아 색 머메이드지, 흰색 라인 테이프, 검은 콩, CD, 문자 스티커, 얇은 사인펜, 가죽끈, 원커터

만드는 방법

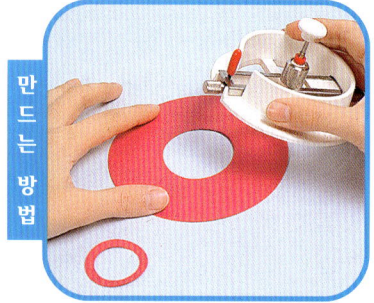

1 원커터로 분홍색 머메이드지를 CD와 같은 크기의 원으로 자릅니다.

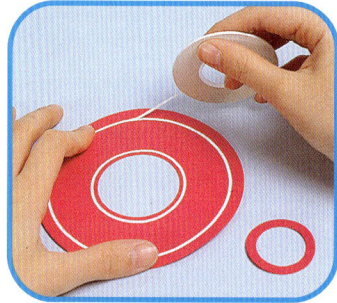

2 흰색 라인 테이프를 원의 테두리 부분을 따라 붙입니다.

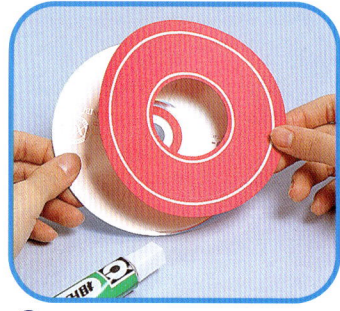

3 CD 모양의 종이와 CD을 본드로 붙입니다.

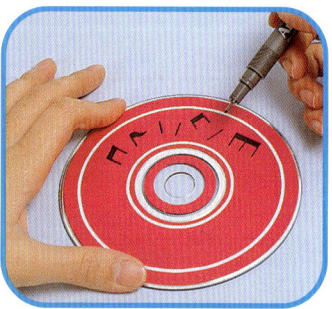

4 얇은 사인펜으로 CD 위에 여러 가지 음표를 그려 넣습니다.

5 검은 콩을 접착제로 음표 아랫부분에 붙입니다.

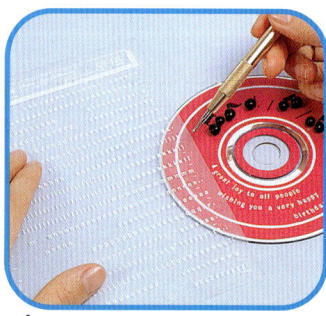

6 마지막으로 축하의 메시지를 붙입니다.

만드는 방법

1 머메이드지를 적당한 크기의 정사각형으로 자릅니다.

2 반복적인 그림이 그려져 있는 포장지를 준비하여 자릅니다.

3 포장지 조각 4장을 사선으로 연결시켜 머메이드지 위에 붙입니다.

4 포장지를 붙인 다음, 라인 테이프를 네 가장자리에 붙입니다.

5 기름종이를 잘라 겉장 크기로 접은 다음, 카드를 그 사이에 끼워 넣습니다.

6 비치는 밑그림을 따라 그림과 같이 붉은색 라인 테이프로 테두리와 사선을 붙입니다.

빙고!! 생일 축하합니다

기뻐하는 마음은 하루를 시작하는 가장 좋은 선물입니다.
제가 존재하기에 세상이 더욱 아름다운 것처럼, 당신의 탄생도
그렇다는 것을요.

7 마지막으로 기름종이 아랫부분에 글자를 붙이면 완성됩니다.

준비물
문자 스티커, 포장지, 기름종이, 도화지,

신 감각 신 개념

PART 4 *Newfangled Trend*

만드는 방법

1 잡지 속의 인물을 오려낸 다음, 오각형으로 자른 종이 위에 붙입니다.

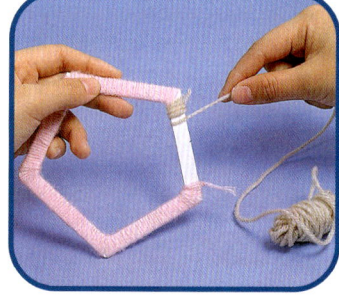

2 우드락으로 액자 틀을 만들어서 털실로 틀을 감습니다.

준비물
우드락, 털실, 도장, 잡지

세상 사람들 에게 알립니다

세상 모든 사람들에게 오늘이 당신이 태어난 날임을 알려, 그들도 우리와 함께 축하하고 노래하기를 바랍니다.

3 감아둔 액자틀을 오각형 위에 붙입니다.

4 마지막으로 뒷부분에 하드보드지로 지지대를 만들어 붙이면 완성됩니다.

반가워요 오늘의 주인공

특별한 방법으로 카드를 만들어서, 주인공이 자신의 모습을 볼 수 있게 합니다. 또한 주인공을 축복하는 우리들의 마음도 볼 수 있을 것입니다.

준비물
대례지, 타일 조각, 알루미늄 판, 형광펜,

만드는 방법

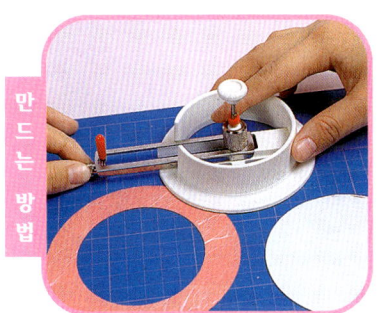

1 원커터를 사용하여 대례지와 알루미늄 판을 원하는 모양으로 자릅니다.

2 대례지로 만든 틀을 알루미늄 판 위에 붙입니다.

3 안쪽 테두리를 따라서 작은 타일 조각들을 차례대로 붙입니다.

4 종이를 깃발 모양으로 자른 다음 그 위에 원하는 문구를 적습니다.

5 만들어진 깃발을 카드 앞면의 위와 아래에 각각 붙입니다.

6 카드를 뒤집은 다음, 작은 자석을 붙여주면 어디든지 붙일 수 있습니다.

신 감각 신 개념

PART 4 **Newfangled Trend**

여러 가지 **감정들**

가족이나 친구들과 함께 보낸 행복하고 즐거웠던 추억을 떠올려 보세요. 그 순간에 떠오르는 어떤 물건들이 있지 않나요?

선물로 꽃을 주었던 기억이나, 함께 파스타를 요리해 먹던 일들… 그 소품들로 카드를 꾸며보세요.

준비물
부직포, 자수실, 도장, 작은 장식물, 우드락

만드는 방법

1 부직포 위에 자수실을 사용하여 마름모 모양의 그물과 테두리를 바느질하여 만듭니다.

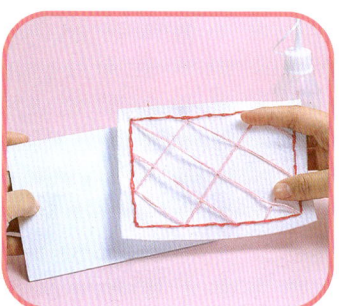

2 같은 크기로 우드락을 자른 다음, 부직포를 그 위에 붙입니다.

3 단추와 마카로니 모양의 작은 장식품 등을 부직포에 붙입니다.

4 도장을 찍은 종이 조각을 부직포 위에 고정시키면 완성됩니다.

만드는 방법

1 스펀지 관을 약 0.5㎝ 정도의 두께로 자릅니다.

5 흰색 문자 스티커로 종이 아래에 원하는 글자를 붙입니다.

음악 소리가 울려 퍼지면

북 소리와 피아노 소리가 울려 퍼지는 순간부터, 내가 오늘밤 당신에게 드리는 최고의 선물은 시작됩니다. 황혼 무렵의 등불과 풍성하게 차려진 음식들, 그리고 당신를 위해 직접 연주하는 음악이 있습니다.

준비물
스폰지 관, 나뭇가지, 핀, 구슬, 가는 철사, 흰색 문자 스티커, 회색·초록색 머메이드지

2 핀을 스폰지 관 사이에 꽂습니다.

3 구슬이 끼워진 핀을 이미 핀이 꽂혀 있는 스폰지 관 반대편에 꽂아 구슬을 고정시킵니다.

4 스폰지 관보다 조금 큰 녹색, 회색 원을 오립니다.

6 스폰지 관 조각과 원 모양의 종이를 붙입니다.

7 가는 철사를 종이 뒷면에 붙입니다.

8 마지막으로 철사를 나뭇가지에 꽂고 글루건으로 고정시키면 완성됩니다.

신 감각 신 개념

PART 4 *Newfangled Trend*

생일 축하해~

창문을 열면 너의 생일을 축하하는
나의 마음이 보일거야~
한번 열어봐~^^

HAPPY BIRTHDAY~!

1 적당한 크기로 자른 오렌지 색 카드의 아래 부분을 핑킹가위로 잘라 놓고, 노란색 종이도 준비합니다.

2 카드 앞면에 4개의 창문을 그린 다음, 펜 칼로 도려냅니다.

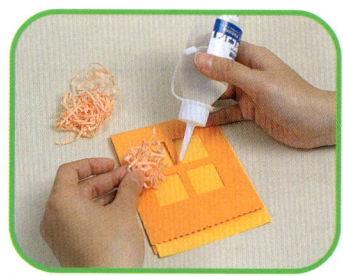

3 잘게 자른 종이 뭉치를 카드의 중앙에 붙입니다.

준비물
꽃 모양 반짝이, 잘게 자른 종이 뭉치, 구슬, 베일(흰색 점이 있는 망사 그물), 펜치, 글루건

4 구리선에 여러 가지 색깔의 구슬을 꿰어 넣습니다.

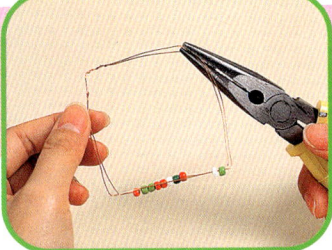

5 펜치로 구리선의 각 모서리를 구부려 정사각형으로 만듭니다.

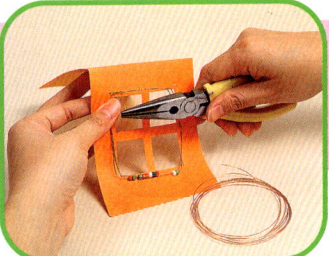

6 카드 위에 작은 구멍을 내고, 구리선을 고정시킵니다.

7 글루건을 사용하여 꽃 모양 반짝이를 창문 주위에 붙입니다.

8 흰색 베일(흰색 점이 있는 망사 그물)을 카드 위에 붙입니다.

9 녹색 종이를 작게 잘라 원하는 문구를 붙인 다음, 그 위를 크레파스로 작은 점을 그리고, 핀셋으로 카드에 붙입니다.

10 흰색 하트 모형을 카드 중앙에 단단하게 붙이면 완성입니다.

신 감각 신 개념
PART 4 **Newfangled Trend**

만드는 방법

1 여러 가지 색 머메이드지를 서로 다른 크기의 다각형 원으로 자릅니다.

2 흰색 아크릴 물감으로 각각 원형 위에 'B.I.R.T.H.D.A.Y' 라는 알파벳을 적습니다.

3 원형의 양쪽 끝부분에 0.3cm의 칼 자국을 냅니다.

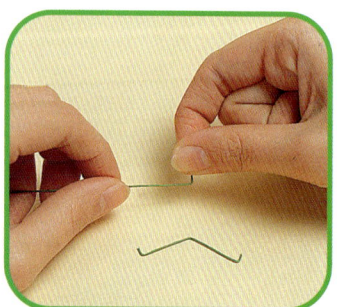

5 철사를 구부려 벌레 다리를 여러 개 만듭니다.

6 글루건을 사용하여 벌레 다리를 종이 뒷면에 붙입니다.

7 알파벳 B가 적힌 종이의 앞 부분에 나무 구슬로 벌레의 눈을 만들면 완성됩니다.

벌레 소리

나무 위에 사는 나무벌레, 땅속에 사는 지렁이, 그리고 탁자 위를 기어 다니는 작고 귀여운 개미들, 모두 오늘 오후에 소풍을 가나봐요!, 실은 여러분에게 생일 축하한다는 말을 하고 싶어서 나왔다네요.

4 글자의 순서에 따라 활핀을 칼자국에 넣어 원형들을 한 줄로 엮어줍니다.

준비물
여러 가지 색 머메이드지, 활핀, 흰색 아크릴 물감, 철사, 나무 구슬

신 감각 신 개념

PART 4 *Newfangled Trend*

만드는 방법

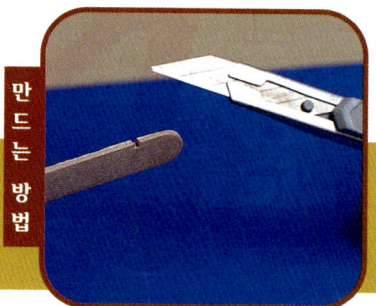

1 아이스크림 막대기의 아랫부분에 칼을 사용하여 각각 2개의 홈을 냅니다.

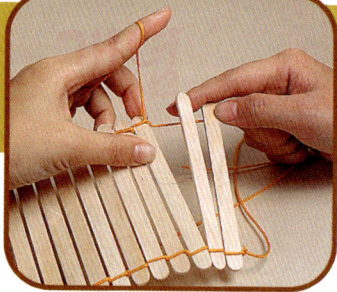

2 아이스크림 막대기를 가지런하게 놓고, 매듭끈으로 위치를 조정하면서 연결합니다.

3 아이스크림 막대기마다 윗부분에 매듭을 지어서 잘 고정합니다.

5 붓으로 아크릴 물감을 묻혀서 아이스크림 막대판 위를 칠합니다.

6 하나하나 잘라 준비해 둔 말린 꽃을 아이스크림 막대판 위에 하나씩 마름모꼴로 붙입니다.

7 나비 모양의 리본을 꽃 윗부분에 붙여 장식하면 됩니다.

우정의 맛

친구간의 우정은 오래되면 될수록 더욱 사이가 좋아지고, 방부제가 들어있지 않아도 오래도록 그 설레임을 간직할 수 있습니다. 작은 카드 한 장을 친구에게 보내보세요. 오랜 시간이 흐른 뒤에도 변치 않는 우정을 담아서 말입니다.

> **준비물**
> 아이스크림 막대기, 매듭끈, 말린 꽃, 아크릴 물감, 흰색 문자 스티커, 나비 모양 리본

4 아이스크림 막대기를 나란히 살 묶은 다음, 가장 윗부분에 걸 수 있는 여유분을 남겨 놓고 매듭짓습니다.

8 마지막으로 막대기판 위에 여러 가지 색 문자 스티커를 붙이면 완성됩니다.

Presenting best wishes

Congratulations!!

PART 5

5 독특한 나만의 스타일

새로운 생활 방식을 찾아,

당신의 하루 하루를 기록해 보세요.

삶의 기록들이 하나 둘 늘어나게 되면,

어느 날 문득

독특한 품격을 가진 새로운 자신을

발견하게 될 것입니다.

독특한 나만의 스타일
PART 5 Unique Style suite

만드는 방법

1 녹색 머메이드지에 사인펜을 사용하여 체크 무늬를 그립니다.

2 약 2.5cm 정도로 종이를 여러 장 자른 다음, 쿠킹 호일로 감쌉니다.

3 철사에 별 모양의 단추를 끼워 넣습니다.

8 나무 토막을 두 토막으로 작게 자릅니다.

9 라이터를 이용하여 잘라낸 나무 토막 주위를 검게 그을립니다.

7 완성된 조형을 카드 중앙에 붙입니다.

> **준비물**
> 별 모양 단추, 철사, 은색 실, 기름종이, 나무 토막, 쿠킹 호일, 문자 스티커, 사인펜, 녹색 머메이드지

4 철사를 쿠킹 호일 위에 묶어 단단히 고정시킵니다.

5 기름종이로 천사의 날개를 만들고, 날개를 주름지게 접어 입체감을 살려줍니다.

6 날개를 알루미늄 호일 뒷부분에 붙입니다.

10 은색 실로 문구가 적힌 나무 토막을 마음대로 둘둘 감습니다.

11 나무 토막을 카드 위에 고정시키면 완성됩니다.

선물에 날개를 달아

생일이 돌아올 때마다 우리는 온갖 궁리를 다해 선물을 마련하곤 하죠. 향수, 옷, 반지 등등. 그렇지만 난 그 아무것도 갖고 싶지 않아요. 그저 한 통의 전화, 축하한다는 말 한 마디면 충분하거든요.

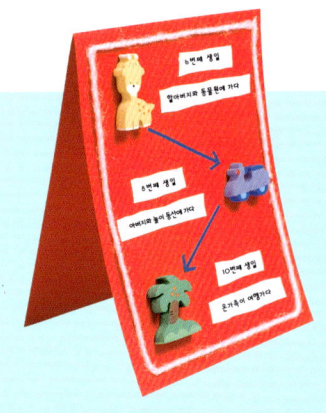

독특한 나만의 스타일

PART 5 Unique Style suite

준비물
소형 조형물, 붉은색, 흰색 도화지, 라인 테이프, 털실, 검은색 사인펜

소중한 추억들

나의 6번째 생일날, 할아버지께서는 나를 동물원에 데리고 가 주셨습니다. 8번째 생일에는 아버지와 놀이동산에 갔었고, 10번째 생일날에는 온가족이 여행을 갔습니다.

만드는 방법

1 3개의 조형물을 카드 재료로 준비합니다

2 조형물을 글루건을 사용하여 빨간색 카드 종이 위에 고정시킵니다.

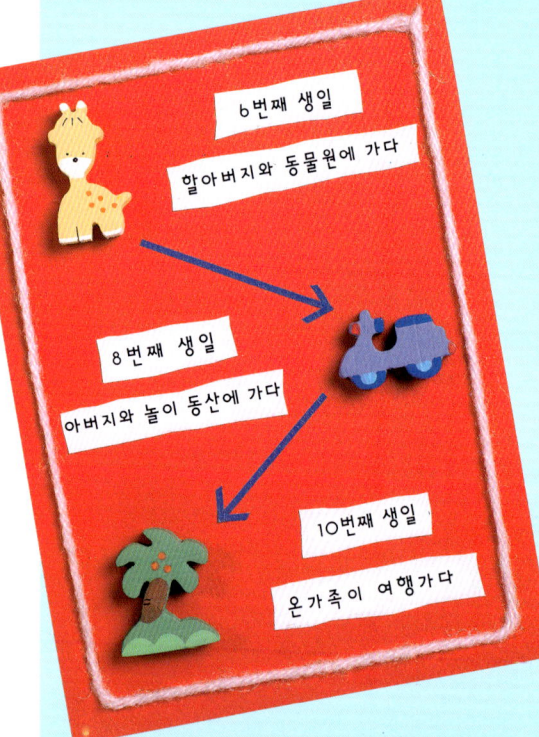

3 적당하게 자른 종이 조각에 검은색 사인펜으로 원하는 문구을 적습니다.

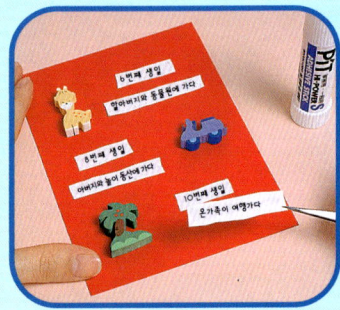

4 종이 조각을 작은 조형들 옆에 순서대로 붙입니다.

5 파란색 라인 테이프를 이용하여 카드 위에 화살표 모양을 붙여, 서로 연결되는 느낌을 만듭니다.

6 카드 모서리를 따라 털실을 붙여, 테두리를 만들면 완성됩니다.

감동을 주는 것들

옛날 이야기는 아무리 들어도 싫증 나지 않고, 좋은 음악은 하루종일 들어도 질리지 않는 것처럼 사람들 사이의 정은 마음 속 깊이 새기고 간직하여도 변하지 않습니다.

만드는 방법

1 약 10×10㎝ 정도 되는 우드락 위에 폭 0.5㎝인 양면 테이프를 가로로 여러 개 붙입니다.

준비물
붉은색 우드락, 분홍색 모래, 얇은 철사, 단추

2 양면 테이프 위에 분홍색 모래를 골고루 뿌립니다.

3 2~3가닥의 가는 철사를 둘둘 감아 하트 모양으로 만듭니다.

4 작은 종이 조각에 'HAPPY BIRTHDAY'라고 적은 다음, 윗부분에 구멍을 뚫습니다.

5 종이 조각을 하트 모양에 끼워 넣어 고정시킵니다.

6 하트를 카드 중앙 부분에 글루건으로 고정시킵니다.

7 단추 4개를 카드의 각 모서리에 붙이면 완성됩니다.

독특한 나만의 스타일

PART 5 Unique Style suite

세상을 환하게 비추는 빛

"맛있는 거 먹으러 가자! 아니면 노래 부르러 가는 건 어때? 아니면, 남산으로 야경을 보러 갈까?" 친구들과 한참을 상의해도 결정하기 힘드네요. 바라는 게 많아서 일까요? 그러나 저는 단지 밤하늘에 가장 빛나는 별이 되어 세상을 환하게 비출수 있기를 바랍니다.

만드는 방법

1 자주색 계열의 머메이드지들을 서로 다른 너비로 자릅니다.

2 자른 머메이드지를 흰색 도화지 위에 잘 배열하여 붙입니다.

3 잘 붙인 종이를 골판지 위에 다시 붙입니다.

4 수세미를 햇님의 얼굴이 되도록 자릅니다.

5 노란색 머메이드지를 태양 모양으로 오립니다.

6 햇님 얼굴을 노란색 태양 위에 붙입니다.

7 핀셋을 사용하여 움직이는 눈을 정확한 위치에 붙입니다.

8 태양을 카드 위에 붙입니다.

9 'warms on your birthday' 라는 글자를 붙이면 완성됩니다.

독특한 나만의 스타일

PART 5 Unique Style suite

> **준비물**
> 머메이드지, 도장, 여러 가지 색 인주,
> 문자 스티커, 빨간색 하트 모양 구슬

만드는 방법

1 머메이드지를 필요한 크기로 자른 다음, 반으로 접습니다.

2 머메이드지를 1cm 간격으로 반복하여 접습니다.

3 머메이드지를 평평하게 편 다음, 빈 공간에 영문이 새겨진 도장을 찍습니다.

4 좌우 양끝을 각각 머메이드지 위에 붙입니다.

5 머메이드지를 다시 접어 겉면에 'open it'이라는 글귀를 붙입니다.

6 마지막으로 빨간색 하트 모양 구슬로 장식하면 완성됩니다.

펼쳐보는 생일 카드

공작새가 날개를 활짝 펼 때 눈부신 광채가 나듯이, 당신의 생일날, 당신도 모든 사람들의 주목을 받는 눈부신 주인공이 되길 바래요.

준비물
머메이드지, 골판지, 우드락, 털실

구름 위의 축복

항상 하얀 구름의 반대편에는 무엇이 있을까 생각해 보곤 했어요. 그곳은 아마도 신기하고 흥미로운 다른 차원의 세계일 거예요.

만드는 방법

1 우드락으로 기본 판을 만들고, 골판지로 된 액자 틀을 만듭니다.

2 흰색 종이를 여러 개의 구름 모양으로 오려서, 그 위에 글자를 붙입니다.

3 구름을 직사각형의 기본판에 붙입니다.

4 기본판의 각 모서리에 우드락 4조각을 붙여 두께를 높여 줍니다.

5 털실을 여러 가닥 잘라서 우드락 양쪽에 각각 붙입니다.

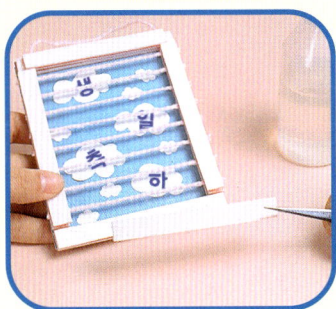

6 우드락으로 네 개의 테두리를 다시 만들어 우드락 위에 붙입니다.

7 머메이드지를 사용하여 작은 화분을 만들어서 카드의 아랫부분에 붙입니다.

8 마지막으로 골판지로 만든 액자 틀을 붙이면 완성됩니다.

독특한 나만의 스타일

PART 5 Unique Style suite

만드는 방법

1 약 5cm 정도의 크기로 스펀지 관을 자릅니다.

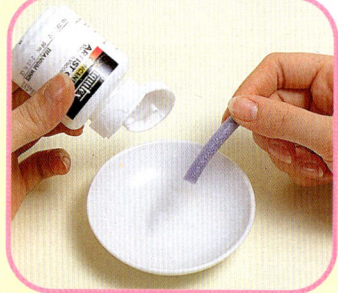

2 흰색 아크릴 물감을 잘 섞은 다음, 스펀지 관에 물감을 묻힙니다.

3 물감을 묻힌 스펀지 관을 하늘색 머메이드지 위에 찍어서, 흰 구름의 효과를 냅니다.

4 나무 토막에 서로 다른 녹색 계열의 아크릴 물감을 칠한 다음, 잘 말립니다.

5 나무 토막을 카드 위에 붙여 케이크 모양을 만듭니다.

6 3개의 성냥개비를 약 2cm 정도 남겨놓고 끝을 자릅니다.

7 3개의 성냥개비를 카드 위에 붙여서 양초의 느낌을 살려 줍니다.

8 핑킹가위로 흰색 머메이드지를 길게 자른 다음, 나무 토막 위에 붙여 크림 효과를 냅니다.

9 마지막으로 케이크의 가장 밑층에 'A BIRTHDAY CAKE' 라는 글자를 붙이면 예쁜 카드가 완성됩니다.

준비물

스펀지 판, 흰색, 녹색 아크릴 물감, 하늘색, 흰색 머메이드지, 나무 토막, 성냥개비, 흰색 문자 스티커

구름 위의 생일 케이크

맑게 개인 오후, 뭉게구름 위에 앉아 있는 자신의 모습을 상상해 보세요.
알록달록한 풍선 몇 개를 친구삼아, 눈 앞에 있는 4층 아이스크림 케이크를 한입 크게 베어 먹는 자신의 모습을.

독특한 나만의 스타일
PART 5 Unique Style suite

잊을 수 없는 감동

유명 브랜드의 시계가 있고, 아무리 좋은 옷을 가지고 있다고 해도, 자신이 만든 카드가 담고 있는 추억들과는 비교할 수 없어요

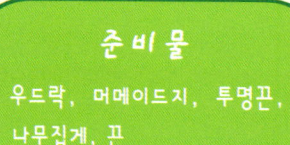

준비물
우드락, 머메이드지, 투명끈, 나무집게, 끈

만드는 방법

1 우드락으로 기본판과 크기가 다른 2개의 액자 틀을 만듭니다.

2 머메이드지와 여러 가지 색 구슬 등의 장식품으로 작은 물건들을 만듭니다.

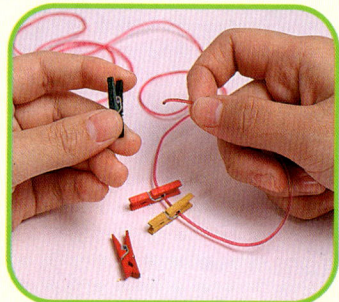

3 여러 가지 색 집게를 투명끈으로 연결합니다.

4 투명끈을 우드락의 양끝에 고정 시키고 나머지 부분은 잘라냅니다.

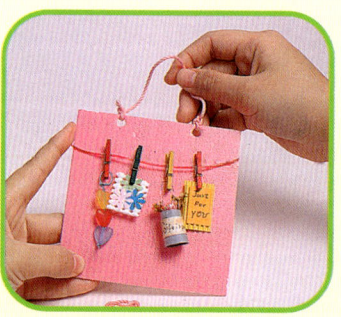

5 우드락 위에 구멍을 뚫은 다음, 색 끈을 연결하여 매듭짓습니다.

6 마지막으로 2개의 액자 틀을 순서대로 붙이면 완성됩니다.

소원을 들어주는 신

매번 소원을 빌 때마다, 3가지 소원을 서로 다른 사람들을 위해서 빕니다. 한 가지 소원은 가족을 위해서, 또 하나는 친구를 위해서, 마지막 한 가지 소원은 자신을 위해서 남겨 두지요. 그러나 가장 중요한 것은 신이 이들 모두에게 관심을 가져주는 것이 아닐까요?

준비물
흰색·주황색·노란색 계열의 머메이드지, 우드락, 핑킹가위, 구김 주름지, 네 잎 클로버

1 그림과 같이 2개의 우드락을 액자틀 모양으로 자릅니다.

2 흰색 머메이드지를 우드락에 붙인 다음, 중간 부분을 오려 냅니다.

3 잘라 놓은 2개의 우드락을 함께 붙입니다.

4 각각 다른 폭으로 주황색과 노란색 머메이드지를 자릅니다.

5 종이 조각들을 풀로 우드락 위에 붙입니다.

6 주름지를 잘라 우드락의 뒷부분에 붙입니다.

7 네 잎 클로버를 빨간색 머메이드지 위에 붙이고, 핑킹가위로 오린 다음, 카드 중앙에 붙입니다.

8 원하는 문구를 적은 종이 카드 위에 붙이면 완성됩니다.

독특한 나만의 스타일
PART 5 Unique Style suite

잊지 못할 그 맛

축복의 말들은 마치 달콤한 간식과 같습니다. 먹으면 먹을수록 더 먹고 싶어지거든요. 당신을 위한 나의 마음도 건강에 좋은 100% 원액의 달콤한 꿀과 같아요!

만드는 방법

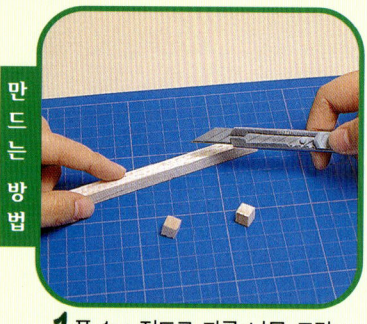

1 폭 1cm 정도로 자른 나무 토막 9개를 준비합니다.

2 노란색 아크릴 물감으로 색칠한 다음, 영문 글자를 적습니다.

3 머메이드지 테두리에 1cm 폭으로 라인 테이프를 붙입니다.

4 나무 토막을 일정한 간격으로 머메이드지 위에 붙입니다.

5 머메이드지의 네 모서리를 단추로 장식을 합니다.

6 글자를 카드 아래 부분에 붙입니다.

준비물
나무 토막, 아크릴 물감, 노란색 라인 테이프, 머메이드지, 단추, 문자 스티커

만드는 방법

1 스티로폼 공을 반으로 자른 다음, 반쪽 부분을 다각형 모양으로 자릅니다.

2 다양한 크기로 스티로폼 공을 자른 다음, 스프레이를 뿌려서 돌멩이의 느낌을 만듭니다.

3 3가지 서로 다른 색깔의 종이를 오려 만든 글자들을 은박 종이 위에 붙입니다.

4 마지막으로 돌멩이 모양의 스티로폼 공을 카드의 테두리를 따라 붙이면 완성됩니다.

영원한 우정

난 믿어요, 우리의 우정은 영원히 변치 않겠다는 맹세나, 불필요한 말들로 꾸밀 필요가 없다는 것을요. 왜냐하면 이미 제 마음속에는 영원히 변치 않을 자신이 있거든요.

준비물
스티로폼 공, 은박 종이, 문자 스티커, 돌멩이의 질감을 낼 수 있는 스프레이

독특한 나만의 스타일
PART 5 Unique Style suite

준비물
머메이드지, 모루

달콤한 케이크

그 어떤 맛있는 케이크 일지라도, 내가 직접 만든 사랑의 케이크와는 비교할 수 없을 거예요.

만드는 방법

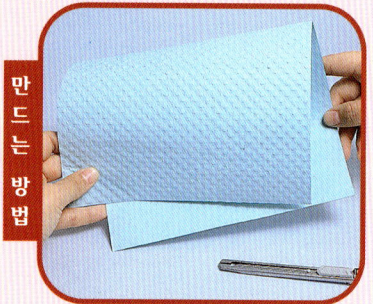

1 머메이드지를 필요한 크기로 자른 다음, 반으로 접어줍니다.

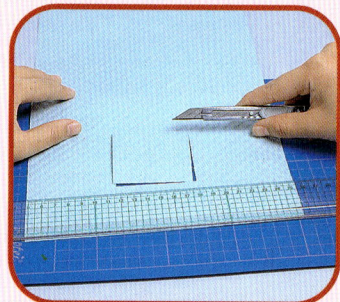

2 머메이드지의 겉장에 정사각형 모양을 오려내어 틀을 만듭니다.

3 굵기가 다른 여러 가지 모루를 자른 다음, 영문자 모양으로 구부립니다.

4 영문자를 잘 배열하여 머메이드지 겉장에 붙입니다.

5 흰색 도화지를 잘라 겉장 안에 잘 끼워 넣습니다.

6 모루로 케이크 모양을 만들어 중앙에 붙이면 완성됩니다.

우정의 편지

우리의 우정이 옅어진 것은 서로 멀리 떨어져 있어서도 아니고 약속이 깨져서도 아닙니다. 그저, 서로의 마음을 표현하지 못했기 때문입니다.

그럼, 작은 카드에 따뜻한 우정을 담아 전달해보는 것은 어떨까요?

준비물
미끄럼 방지용 종이, 우드락, 나무 토막, 철사, 아크릴 물감, 머메이드지, 여러 가지 색 구슬, 작은 장식품, 가죽끈

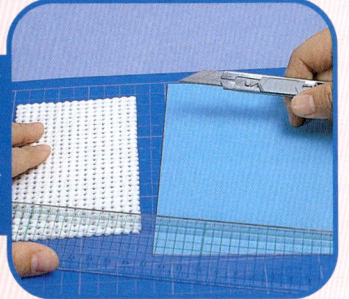

1 우드락과 미끄럼 방지용 종이를 필요한 크기로 자릅니다.

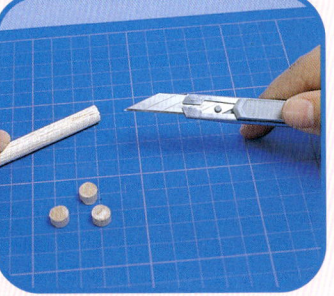

2 비행목으로 0.5㎝ 두께의 작은 토막을 여러 개 만듭니다.

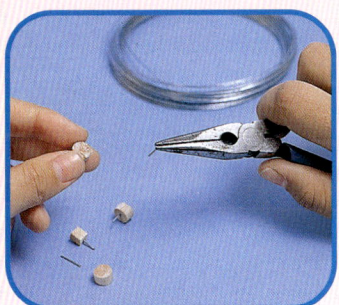

3 철사를 약 1.5㎝의 길이로 자른 다음, 펜치로 나무 토막 위에 꽂습니다.

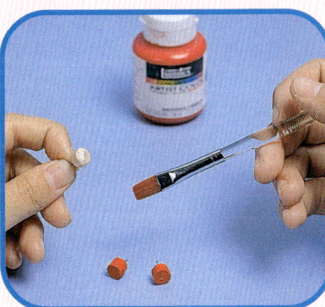

4 나무 토막에 아크릴 물감을 칠해 핀 모양을 만듭니다.

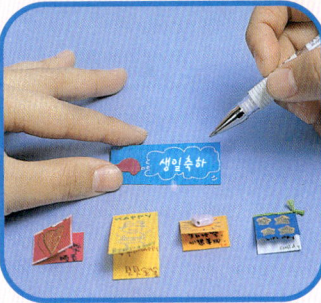

5 머메이드지를 작게 잘라 예쁘게 장식하여 작은 카드를 만듭니다.

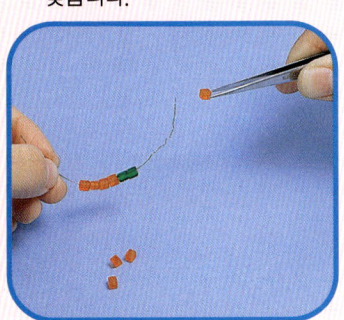

6 여러 가지 색 구슬을 철사에 끼워 작은 목걸이를 만듭니다.

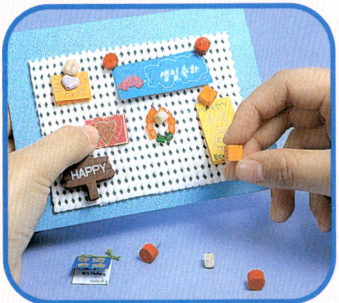

7 미끄럼 방지 종이를 우드락에 붙이고, 만들어 놓은 장식품들을 핀으로 고정시킵니다.

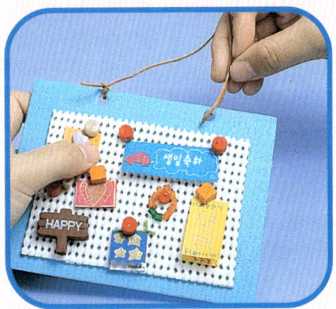

8 우드락 위에 구멍을 뚫고, 가죽 끈을 연결시켜 고리를 만들면 완성됩니다.

Mild winter

Endless Missing

Happy birthday
Happy birthday
Happy birthday
Happy birthday
Happy birthday
Happy birthday

PART 6

단아하고 운치있는 카드

정신없이 움직이는 사회와

빠르게 발전하는 과학 기술 문명 속에서

작지만 따뜻한 마음과

새로움을 추구하는 분위기는

우리들의 마음을

맑고 깨끗하게 해줍니다.

단아하고 은치있는 카드

PART 6 Elegant Romantic Card

만드는 방법

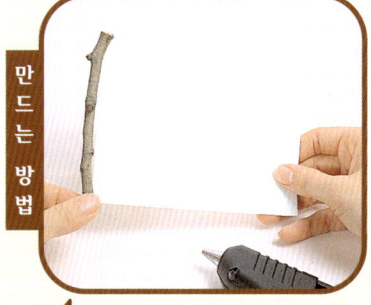

1 나뭇가지를 흰색 도화지의 가장 왼쪽에 붙입니다.

2 조형 펀치를 사용하여 여러 장의 네 잎 클로버 모양을 만듭니다.

3 네 잎 클로버를 카드 위에 붙입니다.

4 'HAPPY BIRTHDAY' 라는 글자를 영자 신문에서 찾아, 영자 신문과 나란히 놓고 복사합니다.

5 수성 물감으로 고르게 칠한 다음, 다 마를 때까지 기다립니다.

6 색칠한 문장을 카드 위에 붙입니다.

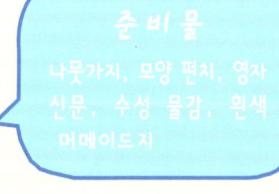

준비물
나뭇가지, 모양 펀치, 영자 신문, 수성 물감, 흰색 머메이드지

상쾌한 공기를 마시며

깊은 숲 속에서 상쾌한 공기를 마시고 대자연을 느끼며 한가로이 거닐어 보세요. 그동안 느끼지 못했던 편안함을 느낄 수 있을 거예요.

> **준비물**
> 미끄럼 방지용 종이, 연두색 골판지, 문자 스티커, 오렌지 색·노란색·커피 색·녹색 머메이드지

과일들의 속삭임

어릴 적 엄마는 저의 생일 때마다, 항상 많은 과일을 사오곤 하셨어요. 커다란 유리 접시에 과일을 한아름 담아놓고, 초를 꽂아 나만의 특별한 생일 케이크인 과일 파이를 만들어 주셨지요.

만드는 방법

1 10×7.5㎝ 크기로 미끄럼 방지 종이를 자릅니다.

2 12×9.5㎝ 크기의 골판지에 미끄럼 방지 종이를 붙입니다.

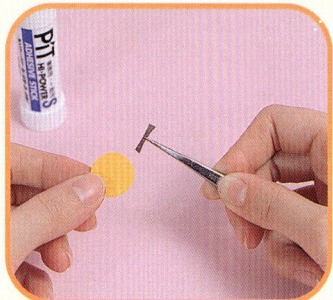

3 노란색으로 자른 작은 원형에 커피 색 과일 꼭지와 나뭇잎을 붙여서 과일 모양을 만듭니다.

4 과일 모양 3개를 카드 중앙에 붙입니다.

5 오렌지 색 도화지 위에 'TO'와 'HAPPY BIRTHDAY'라는 글자를 붙입니다.

6 종이 조각을 카드 위에 붙이면 완성됩니다.

단아하고 은치있는 카드
PART 6 Elegant Romantic Card

만드는 방법

1 두꺼운 머메이드지로 액자 틀을 만듭니다.

준비물
두꺼운 도화지, 양면 테이프, 갈색·흰색·녹색 머메이드지

5 펀치를 이용하여 양면 테이프로 원 다섯 개를 만들어서 꽃잎 뒤에 붙입니다.

사랑의 계절

해마다 시원한 바람이 부는 가을이 되면, 난 너를 떠올려, 너는 항상 시원하고 상쾌한 기분을 느끼게 해주는 가을을 닮은 친구야!

2 머메이드지를 투명 테이프를 사용하여 카드 안쪽에 고정시킵니다.

3 카드를 뒤집은 다음, 철펜으로 눌러서 액자틀의 윤곽을 나타냅니다.

4 모양 펀치를 사용하여 5개의 꽃잎을 만듭니다.

6 꽃잎을 액자 안에 붙입니다.

7 물결 모양을 꽃잎 아랫부분에 붙입니다.

8 흰색 머메이드지에 양면 테이프를 붙인 다음, 펀치로 작은 원을 만듭니다.

9 그림과 같이 흰색 작은 원들을 물결 무늬 주변에 붙입니다.

10 녹색 머메이드지로 '생일 축하' 라는 글자를 오립니다.

11 오려놓은 글자를 카드 위에 붙이면 완성됩니다.

단아하고 은치있는 카드
PART 6 Elegant Romantic Card

사랑의 편지

엽서와 우표를 살 때마다 너를 생각해.
나를 포장해서 네게 보내고 싶어.
엽서들과 함께…

만드는 방법

1 그림과 같이 노란색 머메이드지의 가운데를 오려내어 틀을 만듭니다.

2 에어캡을 액자 틀 크기로 잘라 준비합니다.

3 양면 테이프로 노란색 머메이드지 뒷부분에 에어캡을 붙입니다.

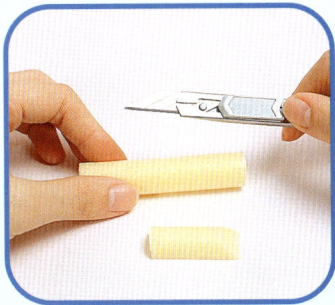

4 스펀지 관을 여러 토막으로 자른 다음, 다시 반으로 자릅니다.

5 문자 스티커를 사용하여 스펀지 관 위에 원하는 글자를 붙입니다.

6 스펀지 관을 카드의 아랫부분에 붙입니다.

7 파란색 머메이드지를 약 2×2cm 크기의 정사각형으로 자릅니다.

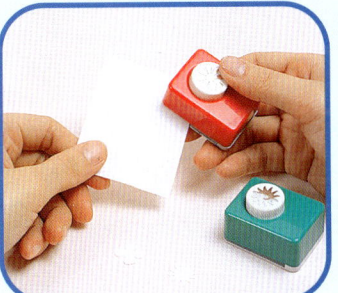

8 흰색 머메이드지로 구름, 태양, 꽃잎, 네 잎 클로버를 만듭니다.

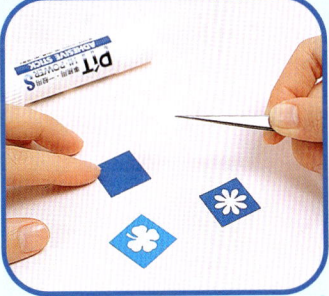

9 종이 조각에 잘라놓은 꽃 모양들을 붙인 다음, 그것을 카드 위에 붙입니다.

준비물

에어캡, 스펀지 판, 노란색 머메이드지, 여러 가지 색 문자 스티커, 항공 라벨, 파란색·흰색 머메이드지, 모양 펀치

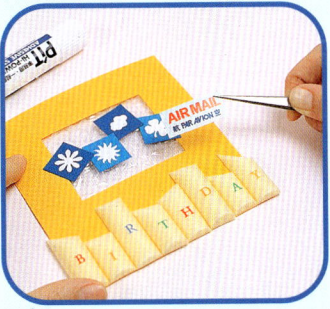

10 마지막으로 항공 라벨을 카드 위에 붙이면 완성됩니다.

단아하고 운치있는 카드
PART 6 Elegant Romantic Card

준비물
케이크 모양, 빨래 줄, 도장, 골판지, 우드락,

1 광고 전단지에서 케이크 모양을 오립니다.

2 케이크 모양을 적당한 거리를 두고 골판지 위에 붙입니다.

3 골판지 위에 구멍을 낸 다음, 끈으로 연결합니다.

4 서로 엇갈리게 연결한 다음, 뒷부분에 매듭을 지어 고정시킵니다.

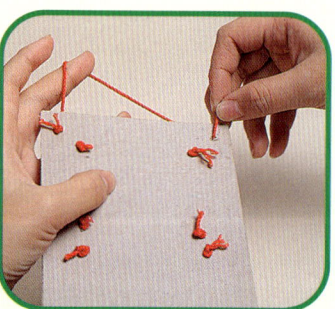

5 가장 윗부분에 매듭을 지어 고리를 만듭니다.

6 머메이드지 위에 도장을 찍은 다음, 골판지 위에 붙입니다.

27°의 축복

27°는 사람이 느끼는 가장 쾌적한 온도이고, 27°로 물을 끓이면 가장 맛이 좋고, 27°로 냉방을 하면 전기를 아낄 수 있다고 합니다. 이처럼 좋은 점이 너무 많은 27°라는 온도는 당신에게 가장 적당한 축복의 온도일 것입니다.

햇볕은 쨍쨍

비가 그치고 나면 항상 당신이 사준 옷들을 꺼내 햇볕에 말리곤 해요. 왜냐하면 햇볕을 쬔 옷은 부드러울 뿐 아니라. 당신에게서 느껴지는 햇님의 냄새가 나기 때문이죠.

준비물
모양 펀치, 검은색 가죽끈, 미니 나무 집게, 옷 모양 밑그림, 하늘색·흰색 머메이드지, 색연필

만드는 방법

1 모양 펀치로 흰색 머메이드지에 여러 개의 구름 모양을 냅니다.

2 흰색 구름 조각을 하늘색 카드 위에 붙입니다.

3 글루건을 이용해서 가죽끈을 카드 윗부분에 붙입니다.

4 옷 모양 밑그림을 색연필로 색칠 합니다.

5 색칠을 한 옷 모양을 가죽끈 위에 붙입니다.

6 미니 나무 집게를 글루건을 사용하여 오른쪽 아랫부분에 붙이면 카드가 완성됩니다.

단아하고 운치있는 카드

PART 6 Elegant Romantic Card

색다른 놀라움

오늘은 제가 태어난 날인데요, 그래서 조금 색다른 방법으로 생일을 축하해 볼까 해요. 그게 뭐냐고요? 제 생일날 오시면 아실 거예요. 상상하지도 못할 놀라움이 여러분을 기다리고 있으니까요!

준비물
머메이드지, 파란색 라인 테이프, 안쓰는 열쇠, 문자 스티커

만드는 방법

1 서로 같은 크기로 머메이드지와 하드보드지를 자릅니다.

2 연필로 머메이드지 위에 빌딩 모양의 밑그림을 그립니다.

3 파란색 라인 테이프로 밑그림을 따라 붙입니다.

4 안쓰는 열쇠를 머메이드지에 고정시킵니다.

5 영문 스티커를 열쇠 아랫부분에 붙입니다.

6 마지막으로 완성된 그림을 잘라 놓은 하드보드지에 붙입니다.

만드는 방법

1 서로 다른 크기의 스펀지 관을 잘라서 작은 원으로 만듭니다.

2 'WISHING YOU A NICE' 라는 문구를 스펀지 관 조각 위에 붙입니다.

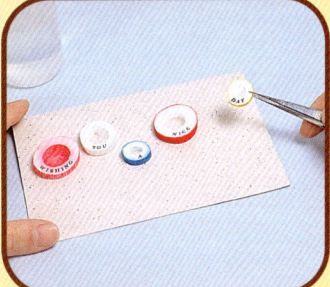

3 순서대로 스펀지 관 조각을 카드 위에 붙여서, 하나의 문장을 만듭니다.

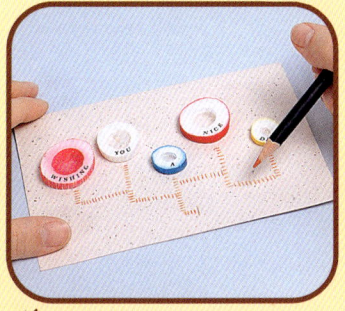

4 색연필로 점선을 그립니다.

5 흰색 머메이드지로 '생일 축하' 라는 글자를 자릅니다.

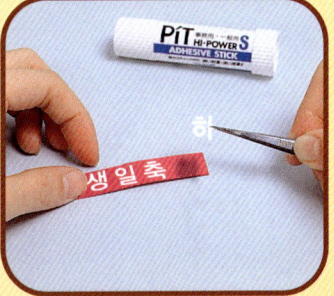

6 잘라놓은 글자를 분홍색 머메이드지에 붙입니다.

세월의 흔적

해마다 생일은 단 한번뿐이지만, 지금까지 우리가 겪었던 생일날의 추억들은, 마치 나무의 나이테처럼 우리가 자라고 있다는 흔적을 남기겠지. 그러니 친구야, 올해에도 늘 건강하고 행복하렴.

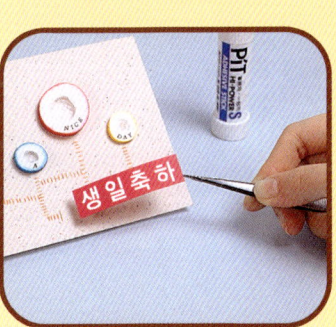

7 분홍색 머메이드지를 카드 오른쪽 아랫부분에 붙입니다.

8 마지막으로 노란색과 오렌지색 종이 끈을 카드 윗쪽에 통과시킨 다음 매듭지으면 완성됩니다.

준비물

스펀지 관, 검은색 문자 스티커, 색연필, 분홍색, 흰색 머메이드지, 돌가루 무늬 종이, 종이끈

단아하고 운치있는 카드
PART 6 Elegant Romantic Card

만드는 방법

1 정사각형 모양의 머메이드지 위에 붓 펜으로 원하는 말을 적습니다.

2 일본 전통지를 잘 자른 다음, 그 안에 잘라둔 포장 끈을 채워 넣습니다.

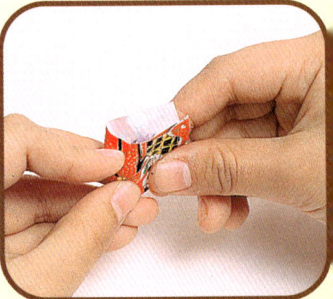

3 일본 전통지 양 끝은 안쪽을 향해 기울이듯 접고 단단하게 고정시킵니다.

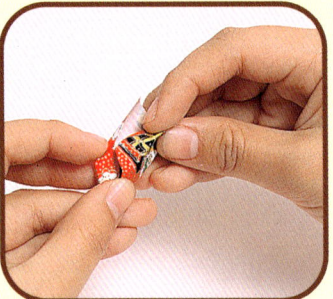

4 양면을 안쪽으로 뒤집은 다음, 양면 테이프로 잘 붙입니다.

5 매듭끈에 방울을 단 다음, 복주머니 윗부분에 고정시킵니다:

6 일본 전통지를 사용하여 약 1.5cm의 폭으로 액자틀을 만듭니다.

7 잘라놓은 액자틀을 머메이드지 위에 붙이면 됩니다.

무병장수

생명의 소중함은 계속 유지되어야 합니다. 그래야 사람들과 함께 정을 나누고, 편안함 또한 느낄 수 있기 때문이죠. 그러므로 우리는 서로를 인생의 동반자로서 소중하게 여겨야 합니다.

준비물
머메이드지, 붓 펜, 일본 전통지, 종이끈, 방울, 매듭끈

오래오래 사세요!

전통 종이 공예에서 사용하는 금화지는 중국식 카드를 만들 때 많이 사용합니다. 고전적이면서도 독특한 분위기를 느낄 수 있습니다.

준비물
머메이드지, 금화지(금박을 입힌 종이), 사인펜, 우드락, 타원형 자

1 머메이드지를 잘라서 반으로 접습니다.

2 그런 다음 뒷면에서 타원형 자로 원을 그립니다.

3 겉장을 뒤집어서, 금화지를 붙입니다.

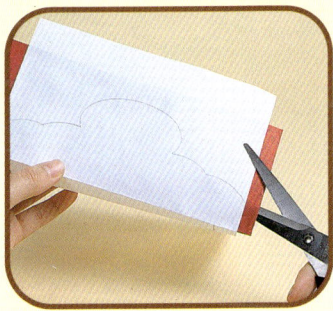

4 미리 그려놓은 밑그림을 따라 금화지를 오립니다.

5 금화지를 약 1.5cm의 폭으로 잘라서 속지 안에 붙입니다.

6 4개의 원형에 사인펜으로 '공하사희(恭賀壽禧)' 라고 적습니다.

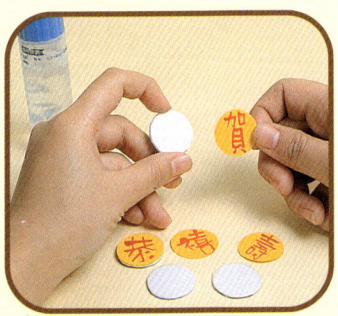

7 글씨 종이를 우드락에 붙여서 두꺼워 보이게 합니다.

8 마지막으로 글씨 종이를 일정한 간격으로 카드에 붙이면 완성됩니다.

단아하고 운치있는 카드

PART 6 Elegant Romantic Card

만드는 방법

1 머메이드지를 필요한 크기로 잘라서 반으로 접습니다.

2 겉장에 선물 모양 밑그림을 그려 넣습니다.

3 펜 칼로 그려진 밑그림을 따라 오립니다.

4 아크릴 물감으로 잘라 놓은 선물 모양을 색칠합니다.

5 매듭끈으로 선물과 겉장을 서로 연결합니다.

6 끈은 여유분을 조금 남겨놓고 매듭을 짓습니다.

준비물
머메이드지, 아크릴 물감, 문자 스티커, 매듭끈

7 오렌지색 머메이드지를 노란색 머메이드지 안쪽에 끼워 넣습니다.

8 마지막으로 겉면에 영문 스티커를 붙이면 완성됩니다.

생일날의 설레임

생일날 선물 포장을 뜯고 상자를 열 때의 마음은 항상 설레임과 기대로 가득찹니다. 그러나 선물의 크기나 부피는 그다지 중요한 게 아닙니다. 가장 큰 감동은 선물을 주는 사람의 정성이죠.

준비물
스펀지, 머메이드지, 골판지, 문자 스티커

받고 싶은 선물

너에게 바치는 시와 음악 그리고 말들은 화려하지 않고 또 큰 감동도 주지 못하지만, 그 안에는 너를 위한 나의 따뜻하고 향기로운 축복의 말들이 들어있어.

만드는 방법

1 머메이드지와 골판지를 필요한 크기만큼 자릅니다.

2 EVA 폼지를 이용해서 선물 모양을 만듭니다.

3 선물 모양들을 적당한 간격을 두고 머메이드지 위에 붙입니다.

4 선물 모양의 아래 부분에 영문 스티커로 원하는 문구를 붙입니다.

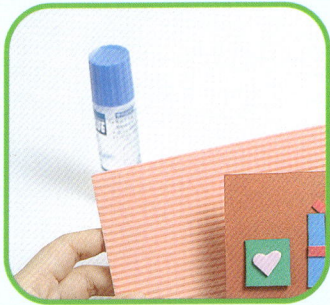

5 마지막으로 완성된 카드 종이를 골판지에 붙이면 완성됩니다.

단아하고 은치있는 카드
PART 6 Elegant Romantic Card

준비물
골판지, 종이끈,
편지, 포장 끈,
나무 막대, 접착액

1 하늘색 종이를 적당한 크기로 잘라서 반으로 접고, 골판지는 핑킹가위로 테두리를 자릅니다.

2 녹색 종이를 꽃의 줄기 모양으로 가늘게 자릅니다.

3 원하는 꽃잎 수만큼 펀치로 구멍을 냅니다.

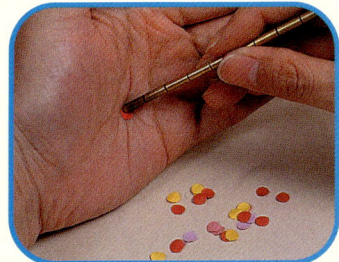
4 작은 원을 나무 막대기로 꾹 눌러 볼록하게 만듭니다.

5 길게 자른 녹색 종이를 꽃다발 모양으로 겹쳐 붙입니다.

6 볼록하게 만든 작은 원을 녹색 줄기 다발 위에 붙입니다.

7 종이끈을 넓게 폅니다.

8 펴놓은 종이끈을 반으로 자릅니다.

9 종이끈을 그림과 같이 접습니다.

10 포장끈으로 가운데 부분을 고정시켜 나비 모양의 리본을 만듭니다.

11 길게 자른 보라색 종이를 나무 막대기에 둘둘 감아 스프링 모양이 되게 합니다.

12 카드 위에 리본을 붙이고, 그 위에 다시 감아놓은 종이를 붙입니다.

13 흰색 종이 위에 글자를 붙여서, 카드 윗부분에 붙이면 완성됩니다.

단아하고 운치있는 카드

PART 6 Elegant Romantic Card

각양각색의 다채로움

수많은 사람들과 수많은 사건과 그리고 수많은 사물들을 통해, 우리는 생활 속에서 크고 작은 감정의 변화를 이루고, 이러한 세월의 흐름 속에서 여러 가지의 모습들을 나타냅니다.

준비물
우드락, 포장지, 가는 철사, 도장, 색 인주

만드는 방법

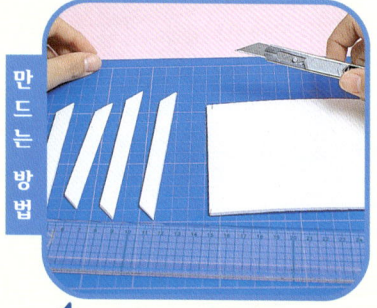

1 우드락의 네 모서리 부분을 칼로 자릅니다.

2 모양 펀치로 4장의 꽃잎을 만듭니다.

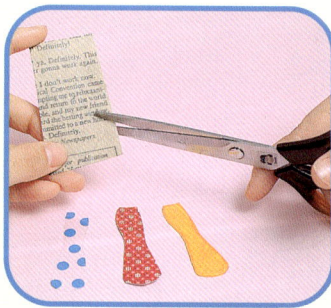

3 포장지(머메이드지, 사포, 셀로판)로 꽃병을 만듭니다.

4 꽃잎과 꽃병을 우드락 위에 잘 배열하여 붙입니다.

5 잘라놓은 우드락 조각을 네 모서리에 붙여 액자 틀을 만듭니다.

6 마지막으로 액자 틀 위에 여러 가지 색 도장을 찍습니다.

HAPPY Birthday to HE !

Joyous birthday

U   HE   SHE

HAPPY Birthday to ME!

HAPPY Birthday to you !

HAPPY Birthday to you!

HAPPY Birthday to you!

Colorfulness

2003 YEAR
HYEJIWON BOOKS
PUBLICATION

재미있는
부직포로 만들기

창의력을 발휘하여 멋진 부직포 작품을 만들어 봅니다.

부직포의 독특한 질감을 이해하고 자르거나 붙이고 바느질하면서 감각기관을 발달시킬 수 있습니다. 장식품을 만들어 집안을 꾸미고, 장난감을 만들어 친구들과 재미있게 놀 수 있습니다.

■ 김옥경 감수/4X6배판/144쪽/9,000원

교실 꾸미기 1
재미있는 환경미화

예쁘고 실용적인 작품들을 만들어 교실을 꾸며봅시다.

아이들이 좋아하는 우유나 야쿠르트 병 등의 용기를 이용해서 멋진 작품을 만듭니다. 폐품을 재활용하는 산 교육이 됩니다. 예쁘고 실용적인 작품으로 교실을 꾸며본다면, 지적 능력을 키워줄 뿐 아니라 학교 생활도 더욱 풍부하고 재미있어질 것입니다.

■ 배은정 옮김/4X6배판/144쪽/9,000원/색종이 부록

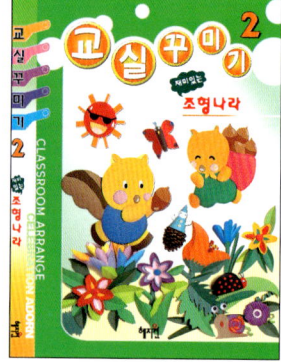

교실 꾸미기 2
재미있는 조형나라

여러 모양의 조형들로 교실을 꾸며봅니다.

직접 만든 다양한 모양의 작품들로 아이들의 생활공간인 교실을 예쁘게 꾸며봅니다. 손쉽게 구할 수 있는 '종이'를 주로 사용하여 새학기, 음식, 교통, 날씨, 직업, 모양 연상, 성장 일기, 협동심, 바닷속 세계, 졸업 등의 주제를 정하여 일상 생활에서 볼 수 있는 것들을 재미있고 생동감 넘치게 표현할 수 있습니다.

■ 정석훈 옮김/4X6배판/144쪽/9,000원/색종이 부록 포함

21세기 출판 문화를 만드는 혜지원

좋은 책만을 고집하는 독자들을 위해 좋은 책만을 만드는 출판사 혜지원에서 출간되는 다양한 DIY 시리즈로 생활을 풍요롭게 만드십시오.

교실 꾸미기 3
재미있는 상상의 세계

상상력을 발휘하여 직접 생활하는 공간을 꾸며봅니다.

벽면 디자인은 아이들의 감각 기관을 자극하여 두뇌 발달에 도움이 됩니다. 뿐만 아니라 학습 주제로 쓰일 수도 있고 색감과 형태의 아름다움도 느낄 수 있게 해줍니다. '즐거운 숲 속 무도회, 빗속의 달팽이, 바닷속엔 무엇이 있을까?, 동물 친구들의 밤하늘 여행' 등의 재미있는 주제로 마음껏 상상하여 꾸밀 수 있습니다.

■ 배은정 옮김/4X6배판/144쪽/9,000원/색종이 부록 포함

교실 꾸미기 4
신나는 응용의 세계

응용력을 발휘하여 여러 모형들로 교실을 꾸며봅니다.

우리 주변에서 쉽게 볼 수 있는 일회용 그릇, 컵, 봉지, 낙엽 등을 이용하여 훌륭한 작품을 만들 수 있습니다. 솜으로 구름을 표현하거나 낙엽과 나무 질감이 나는 물건을 이용해서 가을 분위기가 나도록 벽면을 디자인한다면 입체감을 느낄 수 있어 더욱 실감나고 재미있습니다.

■ 정석훈 옮김/4X6배판/144쪽/9,000원/색종이 부록 포함

교실 꾸미기 5
멋진 기념일

재미있고 독특한 작품들로 멋진 기념일을 꾸며봅니다.

기념일을 축하하는 멋진 창작물을 만들어 봅니다.
새해, 어린이날, 어버이날, 스승의 날, 성탄절 등의 특징을 살려 예쁘고 재미있는 작품을 만들어 봅니다. 또한 작품들에 자신의 마음을 담아 선물할 수도 있고, 반 친구들이 같이 사용하는 게시판을 꾸밀 수도 있습니다.

■ 배은정 옮김/4X6배판/144쪽/9,000원/색종이 부록 포함

2003 YEAR
HYEJIWON BOOKS
PUBLICATION

IQ.EQ발달, 창의력 개발, 언어능력 개발 그리고 바른 습관 놀이까지!
건강하고 똑똑한 아이로 키우는 육아놀이 총집합

놀이로 키우자 1, 2, 3

"엄마, 아빠와 함께 하는 놀이는 전세계 유아교육 전문가들이 인정하는 지상 최고의 교육법입니다."

건강하고 똑똑한 아이로 키우는 육아놀이 165
놀이로 키우자 0-12개월

엄마, 아빠와의 놀이는 아이의 성장을 돕는 외적 자극 중 가장 우수한 자극입니다.

이 시기에 엄마는 아기들에게 지속적인 자극을 주는 놀이를 하세요. 부드러운 천으로 아기의 피부를 자극시키거나 노래를 불러주세요. 아기는 목소리로 엄마를 알아보고 엄마의 목소리를 듣고 안정을 찾습니다.

■ 장은미, 김영숙 지음/신국판/200쪽/7,800원/베이비 클래식 CD 포함

건강하고 똑똑한 아이로 키우는 육아놀이 169
놀이로 키우자 12-24개월

아이와 놀이를 함으로써 아이가 성장하는 내내 바람직한 자극과 환경을 제공하는 부모가 됩니다.

아이가 자신감을 가질 수 있도록 "잘했어요"라는 칭찬을 자주 해주어야 합니다. 놀이를 통해 얻은 자신감은 다른 발달 분야까지 이어지기 때문입니다.

■ 장은미, 김영숙 지음/신국판/200쪽/7,800원/베이비 클래식 CD 포함

건강하고 똑똑한 아이로 키우는 육아놀이 169
놀이로 키우자 24-36개월

아이가 재미있어 하고 자꾸 하고 싶어하는 놀이가 좋은 놀이입니다.

거울을 보며 웃는 것은 자신의 존재를 느끼며 자아 인식이 확립되는 것을 보여주는 행동입니다. 이때 자기 주장이 너무 지나쳐 주위와 마찰을 빚을 수 있으므로 엄마의 세심한 보살핌이 필요합니다.

■ 장은미, 김영숙 지음/신국판/200쪽/7,800원/베이비 클래식 CD 포함

21세기 출판 문화를 만드는 혜지원

좋은 책만을 고집하는 독자들을 위해 좋은 책만을 만드는 출판사 혜지원에서 출간되는 다양한 실용서로 생활을 풍요롭게 만드십시오.

곰발바닥 심기자의
느낌이 있는 여행 만들기

"이제 훌훌 털고 떠나자. 가족, 친구, 연인과 함께 하는 최고의 여행을 위하여

철저한 현장취재로 선정한 '바다와 섬을 찾아서', '풍경 소리가 흐르는 곳', '특별한 맛이 있는 여행', '가족 여행과 단체 여행을 위해', '전통마을에서 맡는 돌담과 흙집의 향기' 등 모두 일곱 가지의 여행 테마별 베스트 여행지 35곳을 맛깔스러운 여행담과 충실한 교통, 숙박, 맛집 정보로 소개합니다.

■ 심재학 지음/4X6배변형판/352쪽/13,000원/전체 120분 길이의 여행지 소개 동영상 CD

재미있고 신나는
Magic 마술 과학 실험

과학이 어렵다구요?
실험이 번거럽고 재미없다구요?

우리 주변에서 일어나는 과학현상을 간단하고 재미있는 실험을 통해 원리와 성질을 알아 볼 수 있는 실험책이 나왔습니다. 주변에서 쉽게 구할 수 있는 재료들을 이용하여 실험하다 보면 원리 이해도 쏙쏙, 과학에 대한 흥미도 점점 커져서 자신도 모르게 주변 사물들을 과학적으로 보는 힘이 생길 것입니다.

■ 영국 어스본 출판부 지음/국배판/96쪽/정가 9,500원

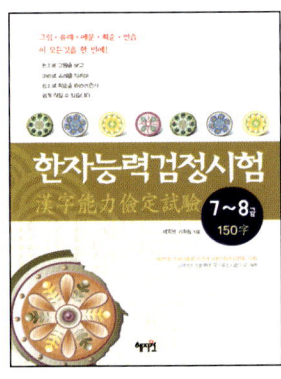

그림·유래·예문·획순·연습, 이 모든 것을 한 번에!
한자능력검정시험 7-8급

눈으로 그림을 보고, 머리로 유래를 익히며,
손으로 획순을 따라쓰면서 쉽게 익힐 수 있습니다.

- 그림과 유래를 보면서 보다 쉽게 배정한자 150자를 익힐 수 있습니다.
- 획순이 수록되어 있어 바로 따라쓸 수 있게 되어있습니다.
- 각 한자별로 충분한 예문이 수록되어 있어 정말로 이해하기가 쉽습니다.
- 바로 보고, 바로 연습할 수 있는 공간이 적절하게 배분되어 있습니다.

■ 혜지원 기획팀 지음/4X6배판/136쪽/정가 6,000원

내 손으로 만드는 Card 시리즈 ❶
생일 카드 만들기

초판 인쇄일 ｜ 2003년 6월 20일
초판 3쇄 발행일 ｜ 2007년 3월 15일
발행인 ｜ 박정모
기획 ｜ 엄하나, 배은정
감수 ｜ 김옥경
진행 · 편집 ｜ 엄하나

발행처 ｜ 도서출판 혜지원
출판등록 ｜ 제 9-295호
주소 ｜ 서울시 동대문구 장안1동 420-3 (130-844)
전화 ｜ 영업부 02)2212-1227 / 편집부 02)2217-4686
팩스 ｜ 02)2247-1227
홈페이지 ｜ http://www.hyejiwon.co.kr
ISBN ｜ 89-8379-300-7-04690
　　　　 89-8379-299-X (전 8권)

정가 ｜ 7,000원

Copyright © 2003 by MegaViz Publishing Inc. All Rights Reserved.
No Part of this book maybe reproduced or transmitted in any form,
by any means without the prior written permission of the publisher.
Korean Translation Copyright © 2003 by Hyejiwon Inc.
Korean edition is published by arrangement with MegaViz Publishing Inc.

이 책은 저작권법에 의해 한국 내에서 보호를 받는 저작물이므로
어떠한 형태의 무단 전재나 복제도 금합니다.
이 책의 한국어판 저작권은 MegaViz Publishing Inc.와 독점 계약한
도서출판 혜지원에 있습니다.

● 잘못 만들어진 책은 구입한 서점에서 교환해 드립니다.

3 가지
소원을 빌수
있는 하루

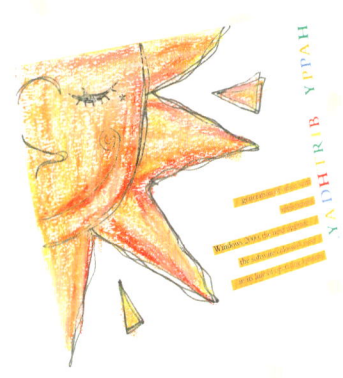